Rauscher | Star Wars. 100 Seiten

* Reclam 100 Seiten *

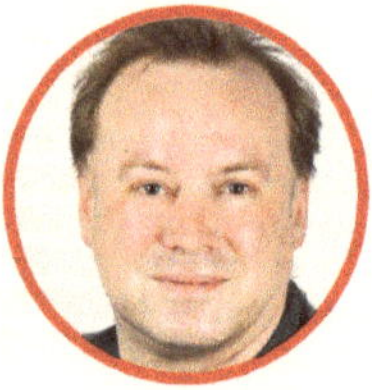

ANDREAS RAUSCHER, geb. 1973, lehrt Medienwissenschaft an der Universität Siegen. Zu seinen Forschungsschwerpunkten zählen Filmgeschichte und Science-Fiction. Als Herausgeber war er an zahlreichen Büchern beteiligt, u. a. über *Die Simpsons*, *Star Trek*, Comic-Helden und James Bond.

Andreas Rauscher

Star Wars. 100 Seiten

RECLAM

2019 Philipp Reclam jun. Verlag GmbH,
Siemensstraße 32, 71254 Ditzingen
Vollständig durchgesehene und ergänzte Ausgabe 2023
Umschlaggestaltung: Philipp Reclam jun. Verlag GmbH
nach einem Konzept von zero-media.net
Infografik (S. 47): annodare GmbH, Agentur für Marketing
Bildnachweis: S. 94: United Archives GmbH / Alamy Stock Foto;
S. 95: Entertainment Pictures / Alamy Stock Foto
Umschlagmaterial: Creative Print, Schabert
Druck und Bindung: Esser printSolutions GmbH,
Untere Sonnenstraße 5, 84030 Ergolding
Printed in Germany 2024
RECLAM ist eine eingetragene Marke
der Philipp Reclam jun. GmbH & Co. KG, Stuttgart
ISBN 978-3-15-020553-2

www.reclam.de

Für mehr Informationen zur 100-Seiten-Reihe:
www.reclam.de/100Seiten

Inhalt

Die wichtigsten *Star Wars*-Filme und -Serien

Prequel-Trilogie:
Episode I: The Phantom Menace (*Die dunkle Bedrohung*, 1999) ◆ *Episode II: Attack of the Clones* (*Angriff der Klonkrieger*, 2002) ◆ *Episode III: Revenge of the Sith* (*Die Rache der Sith*, 2005)

Original-Trilogie:
Episode IV: A New Hope (*Krieg der Sterne*, 1977) ◆ *Episode V: The Empire Strikes Back* (*Das Imperium schlägt zurück*, 1980) ◆ *Episode VI: Return of the Jedi* (*Die Rückkehr der Jedi-Ritter*, 1983)

Sequel-Trilogie:
Episode VII: The Force Awakens (*Das Erwachen der Macht*, 2015) ◆ *Episode VIII: The Last Jedi* (*Die letzten Jedi*, 2017) ◆ *Episode IX: The Rise of Skywalker* (*Der Aufstieg Skywalkers*, 2019)

Anthology- bzw. *A-Star-Wars-Story*-Filme:
Rogue One: A Star Wars Story (2016) ◆ *Solo: A Star Wars Story* (2018)

Serien:
Star Wars: The Clone Wars (seit 2008) ◆ *Star Wars Rebels* (2014–17) ◆ *Star Wars Resistance* (seit 2018) ◆ *The Mandalorian* (seit 2019) ◆ *Resistance* (2018–20) ◆ *Star Wars – Visions* (2021) ◆ *The Bad Batch* (2021) ◆ *Obi-Wan* (2022) ◆ *Andor* (2022) ◆ *Ahsoka* (2023)

Han Solo im Gefrierfach – Wie alles begann

Die Erinnerung an den ersten Kinobesuch zählt zu den prägendsten Erfahrungen überhaupt. Dass ich Filmwissenschaftler wurde, hat mit einem nachhaltig prägenden Kinobesuch im Sommer 1982 zu tun. Die Begegnung mit *Star Wars*, der für seine Wiederaufführung den verwirrenden Zusatz *Episode IV* verpasst bekommen hat, weckte meine Liebe zum Medium. Aus der Begeisterung für die Hintergründe des Films ergab sich später sowohl journalistisch als auch im akademischen Alltag meine Beschäftigung mit dem Kino in all seinen Formen.

Über die popkulturelle Relevanz hinaus funktionieren die *Star Wars*-Filme für mich auch als künstlerisch interessante Produktionen, und zwar nicht deshalb, weil sie mit der bemühten »So schlecht, dass es schon wieder gut ist«-Rechtfertigung eines schlechten Gewissens bzw. *guilty pleasure* zu erklären wären.

Der Status als eine der erfolgreichsten Filmreihen aller Zeiten mit einem Marktwert in Milliardenhöhe lässt leicht einen der interessantesten und widersprüchlichsten Aspekte des Franchise in Vergessenheit geraten: *Star Wars*-Produzent und Ober-Jedi-Meister George Lucas begann seine Laufbahn als

Regisseur des rebellischen New Hollywood. Gemeinsam mit einer befreundeten Clique von Filmemachern wollte er in den 1970er Jahren die künstlerische Freiheit der Regisseure gegen das kommerzielle Studio-System durchsetzen. Ironie des Schicksals: Am Ende wurde er selbst zum Wegbereiter des sogenannten Blockbuster-Kinos. Die großen Studios versuchten, dem Erfolg von *Star Wars* nachzueifern.

Im Sommer 1982 war ich mit acht Jahren bereit, den Hype um George Lucas' ersten *Star Wars*-Film zu glauben, der damals noch unter dem Brachial-Pulp versprechenden Titel *Krieg der Sterne* lief. Mit dem filmischen Universum war ich bereits bestens vertraut. Der Roman zum Film, die im Ehapa-Verlag veröffentlichten Comics und die verschiedenen Spielsachen, die, wie mir meine Eltern später berichteten, eine Explosion der Preise von Plastik-Spielzeug bewirkten, hatten bereits meine Neugier auf den Film geweckt.

Die tatsächliche Kino-Erfahrung eröffnete ein Fenster zu einer imaginären Welt, wie es der Filmtheoretiker Leo Braudy sagen würde. Die Weiten von Tunesien ließen den Wüstenplaneten Tatooine am Rande des Universums glaubhaft genug erscheinen. Die Geschichten um die gefährlichen Tusken Raiders, die vermummten Schrottsammler der Jawas, den angehenden Helden Luke Skywalker, die Roboter R2-D2 und C-3PO und den geheimnisvollen Jedi-Ritter Obi-Wan Kenobi setzten wir nach dem Kinobesuch im Sandkasten hinter dem Haus fort. Die Raumschlachten zwischen Rebellen und Imperium wurden mit Hilfe von Wunderkerzen und den X-Wing- und Tie-Fighter-Modellen zur Soundtrack-LP von John Williams nachgespielt. Der Todesstern wurde mit Lego-Bausteinen nachgebaut und bei der entscheidenden Abschlussschlacht wieder zerlegt. Nachdem es die Gefrieranlage, in die Han Solo gegen Ende von *The Empire Strikes Back* gesteckt wird, nicht als eigenes Spielzeug-Set gab, mussten wir natürlich ein wenig improvisieren: Die Han-Solo-Spielzeugfigur beförderten wir kurzerhand in eine leere Eispackung und steckten sie ins Gefrierfach des Kühlschranks.

Dabei bewegte sich unser improvisiertes Spielszenario gar nicht so weit entfernt vom Vorgehen der Nerds der Trick-Werkstatt Industrial Light & Magic (ILM). Diese plünderten sämtliche Modellbau-Läden und Schrottplätze zwischen der Bay Area von San Francisco und Downtown Los Angeles. Ihre improvisierten Modelle gingen als »Used-Future-Look« in die Filmgeschichte ein.

Überhaupt war der Film eine Fundgrube in Sachen Filmgeschichte: Die Jedi-Ritter waren von den Samurai-Filmen des japanischen Regisseurs Akira Kurosawa inspiriert, dessen Abenteuerfilm *Kakushi-toride no san-akunin* (*Die verborgene Festung*, 1958) die indirekte Vorlage zu *A New Hope* bildete.

Die Rahmung der Weiten von Tunesien und Tatooine wurde von David Leans *Lawrence of Arabia* (*Lawrence von Arabien*, 1962) geprägt. Die Rückkehr Lukes auf die von imperialen Sturmtruppen zerstörte Farm seiner Verwandten findet sich in einer ganz ähnlichen Einstellung in John Fords Western-Klassiker *The Searchers* (*Der schwarze Falke*, 1956): keine einfallslosen Plagiate, sondern eine ebenso geschickte wie nachhaltige Sensibilisierung für filmische Motivgeschichte.

Die von Ben Burtt entworfenen Soundeffekte ließen das Universum der weit entfernten Galaxis nicht nur auf der akustischen Ebene glaubwürdig erscheinen. Auch die symphonische Filmmusik von John Williams vermittelte Neues, eine erste Vorstellung von Leitmotiv-Techniken. Die Cockpit-Perspektiven der Raumflüge und der Hindernis-Parcours durch die mechanischen Schluchten des Todessterns gaben schließlich eine erste Vorahnung von den Levelstrukturen kommender Videospiele.

Im Lauf der 1980er Jahre hatten die politischen Subtexte der Saga eine beachtliche Eigendynamik angenommen. Ronald Reagan versuchte aus der Bezeichnung seines Waffensystems SDI als *Star Wars* reaktionäres Kapital aus den Erfolgen der Filme zu schlagen, das der anti-autoritäre George Lucas juristisch zu kontern wusste. Das vermeintliche *Evil Empire* war nicht, wie von Reagan und anderen Rechtspopulisten vermutet, im Osten zu verorten, sondern konnte in einer dialektischen Volte jederzeit innerhalb der eigenen demokratischen Strukturen entstehen. Im Wahlkampf unserer linken Hochschulgruppe warben wir Ende der 1990er Jahre mit einem Portrait des 900 Jahre alten Jedi-Meisters Yoda für Sympathie gegenüber Langzeitstudierenden und schmuggelten Luke Skywalker mit dem Studienziel Jedi-Ritter auf die Liste der Kandidaten.

1980 war ich noch zu jung, um Einlass in ein Kino zum Genuss von Episode V (dem zweiten Kinofilm der Ursprungstrilogie) bekommen zu können. Als mein Onkel, der als Einziger in der Familie *The Empire Strikes Back* gesehen hatte, beiläufig bei einem Besuch erwähnte, dass es sich bei dem Superschurken Darth Vader um den Vater des Helden Luke handelte, dachte ich, er würde sich einen besonders eigenwilligen Spaß machen. Heute würde man diese Bemerkung als Spoiler bezeichnen, denn er sollte Recht behalten. Er hatte mir gerade eine der prägnantesten Wendungen der Filmgeschichte verraten, deren Nachhaltigkeit sich noch auf zahlreiche Sequels und Prequels auswirken sollte. Meine Begeisterung für Neuigkeiten über die weit entfernte Galaxis blieb ebenfalls über die Jahrzehnte hin bestehen. Die meisten Sammelstücke aus den 1980er Jahren, die nichts mit *Star Wars* zu tun hatten, landeten hingegen irgendwann auf dem Flohmarkt.

Was also macht die unterschiedlichen Facetten der Faszination von Star Wars aus?

A Long Time Ago und New Hollywood – Am Anfang war George Lucas und die Rebellion der Regisseure

Als George Lucas in den frühen 1970er Jahren erste Entwürfe für *Star Wars* entwickelte, ließ sich kaum erahnen, dass er mit diesem anfangs kleinen Zwischenprojekt die nächsten 40 Jahre seines Lebens verbringen sollte. Damals zählte der angehende Regisseur aus der nordkalifornischen Kleinstadt Modesto zur Clique des New Hollywood.

Hollywood selbst hatte den Bezug zur Gegenwart verloren: Von den gesellschaftlichen Umbrüchen dieser Zeit, von der Bürgerrechtsbewegung über die Proteste gegen den Vietnamkrieg bis hin zur stilprägenden Rockmusik waren Musicals wie *Camelot* (1967) und *Hello Dolly* (1969) denkbar weit entfernt.

Inspiriert von den neuen Wellen des europäischen Kinos, die ausgehend von der französischen Nouvelle Vague das moderne Kino definierten, versuchten Regisseure wie u. a. Martin Scorsese, Francis Ford Coppola, Hal Ashby oder Steven Spielberg ihre eigene Variante eines US-amerikanischen Autorenfilms zu entwickeln.

1967 leitete der unerwartete Erfolg der Gangster-Ballade *Bonnie and Clyde* und der Tragikomödie *The Graduate* (*Die Reifeprüfung*) den zeitweiligen Siegeszug des New Hollywood ein. Besiegelt wurde der Generationswechsel in Hollywood durch das Road Movie *Easy Rider* (1969), das mit geringem Budget produziert worden war und ein Vielfaches an Gewinn einspielte. *Easy Rider* entwickelte sich zum Kultfilm einer ganzen Generation und wurde zum indirekten ästhetischen Manifest der poetisch-realistischen Strömung des New Hollywood, ähnlich, wie es *Star Wars* knapp zehn Jahre später für den modernen Genrefilm werden sollte.

New Hollywood setzte sich aus zwei konstituierenden Strömungen zusammen: Eine Fraktion interessierte sich im Zug der europäischen Neuen Wellen für ein anderes, aufrichtigeres und aufregenderes Verhältnis zur Wirklichkeit. Entgegen der Hollywood-Ideologie einer in sich geschlossenen Erzählung, in der alles am Ende nachvollziehbar aufgehen muss, bleiben die Geschichten häufig einfach offen. Die Charaktere sind keine mustergültigen Helden. Sie verstricken sich in Widersprüche und lassen sich treiben. Die Handlung bringen andere voran, manchmal mit fatalen Auswirkungen für die Protagonisten. Die in den realistischen Filmen des New Hollywood eingesetzte Musik spielt häufig eine zentrale Rolle. Die Entdeckungsreisen der Road Movies führen geographisch immer häufiger in die von Hollywood bisher ignorierten Ecken Amerikas. Die zweite, sich immer wieder auch mit der ersten überschneidende Tendenz nutzt hingegen die intensive Auseinandersetzung mit der Genregeschichte und mit den erfinderischen Möglichkeiten des Kinos. Spielberg konnte auf einem einsamen Highway eine intensive Verfolgungsjagd zwischen einem einfachen Handelsreisenden und einem dämonischen LKW (*Duel*, 1971) inszenieren, Lucas hingegen die Jugenderinnerungen an nächtliche Touren durch eine kalifornische Kleinstadt in *American Graffiti* (1973). Im Unterschied zu den ständig *on-the-road-and-on-the-run* arbeitenden Kollegen fühlten sich die sogenannten *movie brats* (von engl. *brat*, ›ungezogenes Kind‹) um George Lucas aber auch im Studio wohl. Die Sets dekorierten sie nach eigenen Vorlieben um. Ohne es direkt zu beabsichtigen, fanden sie dabei die Formel für zukünftige Erfolge.

Die Erfindung des Blockbusters

Brian De Palma brachte den Ansatz der eher formalistisch ausgerichteten New-Hollywood-Fraktion um die *movie brats* einmal sehr gut auf den Punkt, als er erklärte, dass es sich um den alten Widerstreit zwischen Form und Inhalt handelt. Man könne mit filmischen Formen experimentieren, wenn man sich jedoch auf die dadurch geschaffene filmische Welt einlässt, muss man auch deren Konflikte entsprechend ernst nehmen und verfolgen. Spielberg und Lucas reflektieren diesen Ansatz zwar nicht so ausgiebig wie der Film-Philosoph Brian De Palma. Dafür setzt das dynamische Duo, das gemeinsam für die *Indiana Jones*-Filme und einzeln für einige der erfolgreichsten Filme der Filmgeschichte von *Star Wars* bis *E. T.* verantwortlich zeichnet, De Palmas Paradigma der ernst zu nehmenden Spielwelt am konsequentesten um. Im Unterschied zu den einfallslosen Fließbandproduktionen anderer Blockbuster prägte die Filme von Spielberg und Lucas immer eine künstlerische Leidenschaft, ein Faible für individuelle Themen und ein ausgesprochen kreativer Umgang mit unterschiedlichsten Einflüssen aus allen Bereichen der Filmgeschichte.

Ganz im Gegensatz zu einer beliebten Cineasten-Legende haben Spielberg und Lucas nicht ihre Seele an den schnöden Mammon der Blockbuster-Produktion verkauft. Doch im Unterschied zu traditionelleren Vorstellungen des Films als Kunstform behandeln sie die Verweise auf Science-Fiction-Serials und alte Pulp-Abenteuerfilme mit der gleichen Ernsthaftigkeit, mit der Scorsese das Erbe des Neorealismus und Brian De Palma die Spannungsmechanismen Hitchcocks für sich entdeckt hatten. Der mit Steven Spielberg seit dem UFO-Drama *Close Encounters of the Third Kind* (*Unheimliche Begegnung der dritten Art*, 1977) befreundete François Truffaut lobte an den Arbeiten seines jüngeren Kollegen einmal sehr treffend, dass Spielberg es schaffe, den Alltag phantastisch und das Phantastische alltäglich zu behandeln.

Dass es gelingt, das Phantastische glaubwürdig zu vermitteln und zugleich das Abenteuerliche im Alltäglichen zu entdecken, setzt voraus, dass Setting und Spielregeln eines Genres ernst genommen und zugleich gekonnt und kreativ weiterentwickelt werden. Das gilt für beide Ausnahmeregisseure: Der Anspielungsreichtum in den Filmen von Lucas und Spielberg funktioniert dabei nicht nach dem in den 1980er Jahren beliebten ironischen Selbstverständnis der Postmoderne. Eine distanzierte, kennerhafte Haltung ist in den *Star Wars*- und *Indiana Jones*-Filmen jederzeit möglich. Wenn jemand aber derart vom Geschehen auf der Leinwand ergriffen ist, dass er oder sie im Eifer des Gefechts die Mehrdeutigkeit vergisst, begrüßen Spielberg und Lucas diese Reaktion und unterstützen sie mit allen spätromantischen Pauken und Trompeten, die ihnen ihr Komponist John Williams zur Verfügung stellen kann.

Vorspiele – *THX 1138* und *American Graffiti*

George Lucas wurde 1944 in der nordkalifornischen Kleinstadt Modesto im San Joaquin Valley geboren. Sein Vater betrieb einen kleinen Gemischtwarenladen und eine Walnuss-Farm. Seine Mutter kümmerte sich als Hausfrau um ihn und seine drei Schwestern. Zu seinen ersten prägenden Kinoerfahrungen zählte der Abenteuerfilm *King Solomon's Mines* (*König Salomons Diamanten*, 1950). Im Fernsehen liefen Serials wie *Flash Gordon* und *Buck Rogers*, die einen prägenden Einfluss auf *Star Wars* haben sollten.

Als Jugendlicher kultivierte er eine Vorliebe für Autorennen, die sich in seinen Filmen in einer Faszination für Geschwindigkeit und selbstkonstruierte Wagen und Raumschiffe niederschlägt. Durch einen folgenschweren Autounfall, den Lucas zwei Tage vor seinem High-School-Abschluss nur knapp überlebte, nahmen seine Pläne, Rennfahrer zu werden, ein vorzeitiges Ende. Er begann Anthropologie und Philosophie zu studieren und experimentierte gleichzeitig mit 8-mm- und 16-mm-Aufnahmen.

Im Unterschied zu *American Graffiti* erschien mir sein Erstlingswerk, der experimentelle Science-Fiction-Film *THX 1138*, zunächst deutlich abstrakter und mysteriöser, wie eine Zeitkapsel aus einem vergessenen Seitenarm der Filmgeschichte. Für die Spurensuche nach Lucas' künstlerischem Selbstverständnis erwies sich der Film später jedoch als umso relevanter. In seinen beiden ersten Filmen etabliert Lucas zwei Bewegungen, die sich in seinen späteren Filmen immer wieder finden sollten. In der Dystopie *THX 1138* steht eine geradlinige Fluchtbewegung im Mittelpunkt. *American Graffiti* rückt dagegen als Hommage an die frühen 1960er Jahre die Rundfahrt, inklusive diverser Schlenker und Umwege, zu prägnanten Rock-'n'-Roll-Klassikern in den Mittelpunkt. Entscheidend an beiden Bewegungen ist, dass die Filme die Durchquerung des filmischen Raums und die Dynamik des Geschehens in den Mittelpunkt stellen. Doch wie sah das aus?

Zunächst zu *American Graffiti*: In einer Spätsommernacht des Jahres 1962 verbringen vier Freunde ihren letzten gemeinsamen Abend in der kalifornischen Kleinstadt Modesto, in der Lucas auch aufgewachsen war. Die Schwierigkeiten, auf denkbar dilettantische Weise mit einem gefälschten Ausweis Alkohol zu kaufen, und das leicht melancholische Gefühl, in einer Stadt umherzustreifen, die man bald verlassen wird, erwiesen sich als universell verständliche Sinnsuche.

Bilder und Songs vermittelten über alle amüsanten Anekdoten hinaus zugleich eine leise Melancholie. Diese Wirkung setzt sich für mich unmittelbar im Used-Future-Look der ersten *Star Wars*-Filme fort. Der Blick auf Technik und Fahrzeuge, die zwar vielleicht poliert wurden, aber zugleich auch deutliche Gebrauchsspuren aufweisen, gehört zu den ästhetischen Qualitäten der Inszenierung. Lucas und der Soundtüftler Walter Murch verliehen auch der akustischen Ebene einen besonderen Schliff, der die filmische Wirklichkeit flüchtiger und dadurch glaubwürdiger erscheinen ließ. Die im Film verwendeten Songs wurden so abgespielt, dass sie sich anhörten, als würden sie aus einem fahrenden Auto kommen. Der Erfindungsreichtum der Sound-Effekte in den *Star Wars*-Filmen, die einen eigenen akustischen Alltag für die weit entfernte Galaxis definieren, wird bereits in diesem Verfahren vorgebildet. Wie die Avantgardisten des *Cinéma pur* gewinnt Lucas später im Schnitt dem Material neue Bedeutungen ab, die sich durch die Veränderung einer Einstellungsfolge oder das Zusammenspiel von Bild und Ton ergeben. Andererseits empfindet es Lucas im Unterschied zur ganz auf Reflexion angelegten Avantgarde auch als durchaus befreiend, wenn der ebenso perfekte wie aseptische Kontrollraum eines Raumschiffs bei Kubrick lieber von einer Horde Wookies aufgemischt wird.

Lucas' erster Science-Fiction-Film

Lucas' Interesse am Schnitt, an dessen rhythmischer und emotionaler Wirkung wurde durch sein Studium an der University of Southern California (USC), einer der ersten Filmhochschulen des Landes, befördert. Zu seinen Dozenten zählten unter anderem der Experimentalfilmemacher Lester Novros und Slavko Vorkapić, der früher unter anderem mit Sergej Eisenstein, Schlüsselfigur des russischen Revolutionskinos und Erfinder der grundlegenden Theorien zum Filmschnitt, zusammengearbeitet hatte. Neben der Montage entdeckte Lucas außerdem eine besondere Vorliebe für die dokumentarischen Techniken des *Cinéma vérité* (dt. etwa ›Kino der Wahrheit‹). Jean Rouch und Edgar Morin, die prägenden Pioniere dieser Art von Dokumentarfilm, begleiteten mit mobilen Handka-

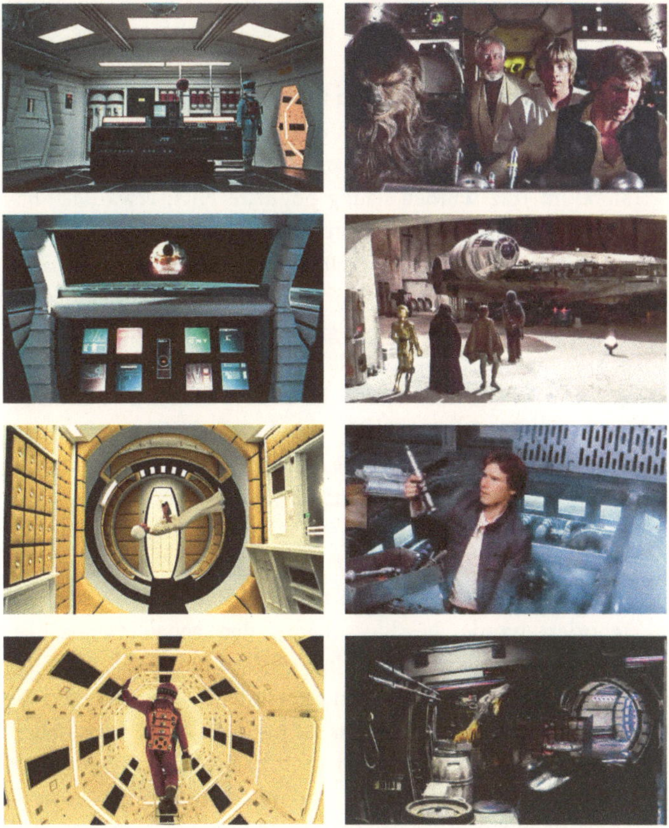

Während bei Stanley Kubricks *2001 – A Space Odyssey* (*2001 – Odyssee im Weltraum*; linke Seite) alles ebenso symmetrisch wie sauber ist, besticht *Star Wars* (rechte Seite) durch gepflegtes Chaos.

meras Personen und stellten diese als teilnehmende Beobachter in Interviews vor.

In seinem ersten Spielfilm *THX 1138* findet sich 1971 die von Lucas praktizierte Verknüpfung von genrespezifischen Standardsituationen und Avantgarde-Techniken beispielhaft realisiert. Im Jazz wurden häufig populäre Hits, etwa der Song Dornröschens aus dem Disney-Film *Sleeping Beauty* (*Dornröschen*, 1953), aufgegriffen und für ungewöhnliche Improvisationen genutzt. Lucas verfährt in *THX 1138* sehr ähnlich, wenn er das Motiv der Fluchtbewegung aus einem unmenschlichen System aufgreift, das auch als Stoff für eine Space Opera taugen würde. Die Umsetzung des Motivs kombiniert Lucas jedoch mit Set-Designs und formalen Techniken wie einem schier unendlichen weißen Raum als Gefängnis und verfremdeten Stadtansichten, die auch in einen europäischen Autorenfilm der 1960er Jahre von Alain Resnais oder Jean-Luc Godard passen würden.

Nachdem *THX 1138* von Kritik und Publikum weitgehend ignoriert wurde, beschloss Lucas, den genau entgegengesetzten Weg einzuschlagen: In *Star Wars* finden sich gelegentlich noch Einschübe aus dem Experimentalfilm, wie etwa die an Animationsfilme des *Cinéma pur* angelehnten Laserblitze oder die lange digitale Kamerafahrt zu Beginn von *Episode III*. Sie werden jedoch äußerst sorgfältig zwischen geschmacksverstärkten Schichten von spätromantischen Klangreferenzen, niedlichen Außerirdischen und spektakulären Konfrontationen zwischen Gut und Böse versteckt.

Lucas hatte *THX 1138* als Produktion für das von seinem Freund Francis Ford Coppola gegründete Studio American Zoetrope gedreht. Gemeinsam mit sechs weiteren Kollegen wollten Lucas und Coppola in San Francisco ihr eigenes Atelier aufbauen. Finanziert wurde das Projekt durch einen Deal, den Coppola mit dem Hollywood-Studio Warner abgeschlossen hatte. Der erste fertig gestellte Film *THX 1138* fand jedoch wenig Anklang bei den Geldgebern. Mit einem ambitionierten, abstrakten und avantgardistischen Science-Fiction-Experiment hatten sie nicht gerechnet. Bevor Francis Ford Coppola auf dem Felsen von Lucas' Avantgarde-Begeisterung seine cinephile Kirche errichten konnte, war Zoetrope auch schon wieder pleite.

Die Lehren aus beiden frühen Filmen

Die negativen Erfahrungen mit den Studios zu Beginn der 1970er Jahre prägten Lucas nachhaltig. Die Kopie von *THX 1138* brachte er vor den verständnislosen Produzenten nach der Aufführung in Sicherheit, trotz allem Widerstand wurde der Film um vier Minuten gekürzt. Selbst bei dem für die Universal Studios gedrehten *American Graffiti*, der sich mit einem Einspielergebnis von 117 Millionen US-Dollar bei einem Budget von 775 000 US-Dollar als spektakulärer Überraschungserfolg erwies, wurde er zu Kürzungen gezwungen, nachdem ein Vertreter des Studios eine Szene nicht ganz so amüsant wie das Publikum fand.

Lucas erkämpfte sich systematisch seine Unabhängigkeit von Hollywood und konnte mit Lucasfilm tatsächlich die früheren Träume einer eigenständigen Produktionsfirma in San Francisco realisieren. Ein außergewöhnlicher Deal sicherte ihm unter Verzicht auf einige Tantiemen als Regisseur die Rechte auf die Fortsetzungen zu *Star Wars* und auf die Vermarktung des Merchandise. Aus der heutigen, von Franchise-

Filmen aller Art und jeglicher Geschmacksrichtung geprägten Sicht lässt es sich kaum mehr vorstellen, dass Mitte der 1970er Jahre, als Lucas und das Studio 20th Century Fox die Verträge für die zukünftige *Star Wars*-Saga unterschrieben, sich kaum jemand für die Vermarktung eines Films oder dessen Fortsetzungen interessierte.

Mit Darth-Vader-Figuren, C-3PO-Cornflakes, R2-D2-Uhren und Ewok-Puppen sicherte sich Lucas dauerhaft seine Unabhängigkeit von Hollywood. Fast tragisch-ironisch ist jedoch, dass Lucas mit seinem Merchandise-Deal auch die Erfolgsformel für jene Blockbuster-Produktionen vorgab, die in den folgenden Jahrzehnten die Innovationen des New Hollywood an den Rand der Traumfabrik drängten und abwürgten.

Amerika trifft auf Japan – Postmoderner Urknall, der erste Kinofilm *Star Wars* bzw. *A New Hope* und die erste Trilogie (Filme IV–VI)

Obwohl *American Graffiti* sich zum Kassenerfolg entwickelt hatte, fiel es Lucas schwer, für die Produktion des ersten *Star Wars*-Films überhaupt einen Geldgeber zu finden. Sämtliche Studios, an die er Anfragen richtete, sagten nach kurzer Bedenkzeit ab. Mit einem Budget von 11 Millionen US-Dollar, das Lucas nach langen Verhandlungen mit Unterstützung des aufgeschlossenen Produzenten Alan Ladd Jr. mit 20th Century Fox aushandeln konnte, zählte *Star Wars* Mitte der 1970er Jahre wahrlich nicht zu den Großproduktionen Hollywoods. Rückblickend erklärte Lucas einmal scherzhaft, der innerhalb von 70 Tagen in Tunesien, London und Kalifornien gedrehte Film sei das teuerste Low-Budget-Movie aller Zeiten gewesen. Das spätere Einspielergebnis von international 775,4 Millionen US-Dollar veränderte rückwirkend das gesamte Science-Fiction-Genre.

Im Unterschied zu Stanley Kubricks *2001 – A Space Odyssey* (*2001 – Odyssee im Weltraum*, 1968) verarbeitete Lucas in seiner Saga auch Einflüsse, die sich deutlich von den üblichen technologischen und naturwissenschaftlichen Reflexionen des Genres entfernten. Die kosmische Macht der Jedi-Ritter wurde von den Schriften des Schamanismus-Experten und Schriftstellers Carlos Castaneda beeinflusst. Die Erweiterung der Macht durch den praktizierenden Zen-Buddhisten Irvin Kershner, der die Regie für den zweiten Film *The Empire Strikes Back* – also den zweiten Film der mittleren Trilogie – übernahm, erinnern hingegen an einen Schnellkurs in asiatischer Philosophie: Zen oder die Kunst des Bogenschießens verwandelte sich in »Use the Force, Luke!« oder die Kunst, einen Todesstern mit nur einem Treffer zu versenken. (In Japan steht die Kunst des Schwertziehens Iaidō in hohem Ansehen: Man zieht das Schwert – und der Kampf ist bereits beendet bzw. der Bessere hat überlebt.)

Das Prinzip der systematischen Vermischung unterschiedlicher Einflüsse bestimmte von Anfang an die Produktion von *A New Hope.* Zur Einstimmung auf die Dreharbeiten zeigte Lucas seiner Crew die Filme *Silent Running* (*Lautlos im Weltraum*, 1972), *Satyricon* (1969), *2001 – A Space Odyssey* (1968) und *C'era una volta il West / Once Upon a Time in the West* (*Spiel mir das Lied vom Tod*, 1968). Douglas Trumbulls engagierte Öko-Science-Fiction *Silent Running* diente als Inspiration für die vermenschlichten Roboter. Am Ende dieses Films retten drei entfernte Verwandte R2-D2s und Vorläufer des Roboters *Wall-E* (2008) zu den Klängen eines melancholischen Songs von Joan Baez die letzten erhaltenen Pflanzen der untergegangenen Erde in einem durch das All treibenden Gewächshaus.

Auch wenn Lucas die ästhetischen Ambitionen Kubricks teilte, Science-Fiction aus dem Bannkreis der Pappmaché-UFOs und Gummi-Monster befreien zu wollen, diente *2001* –

A Space Odyssey dennoch auch in einigen entscheidenden Punkten als Kontrastfolie. Der Alltag, in dem phantastische Tierwesen nicht erst mühevoll gesucht werden müssen, sondern sich wie selbstverständlich in der Raumhafenkneipe der Wüstenstadt Mos Eisley einfinden, verknüpft wie in Fellinis *Satyricon* Surrealismus und Gewöhnliches. Sergio Leones epochaler Western *C'era una volta il West* setzte nicht nur wie *Star Wars* ein märchenhaftes »Es war einmal ...« vor ein Genre, das traditionell mit einer konkreten Verortung assoziiert wird. Die markante Musik von Ennio Morricone stilisierte das Geschehen zur Tragödie.

Fanfaren, Pauken und Leitmotive

Auf ähnliche Weise überhöhte die Musik von John Williams in *Star Wars* den naiven Charme der Space Opera zum epischen Abenteuer. Die von Williams komponierten Themen orientieren sich an der Leitmotiv-Technik des 19. Jahrhunderts. Sie zählen zu den einprägsamsten Kompositionen der neueren Filmgeschichte. Jede Figur bekam ihr eigenes charakteristisches Thema: Das Spektrum reicht von dem ins popkulturelle Gedächtnis eingegangenen *Main Theme* mit seinem markanten Oktavensprung der Blechbläser bzw. der Hörner über die in lang anhaltenden Akkorden mitklingende Altersweisheit des neunhundert Jahre alten Jedi-Meisters in *Yoda's Theme* bis hin zur majestätischen Bedrohlichkeit des *Imperial March*. Die Soundtracks von John Williams bereiteten mir in meiner Kindheit einen anschaulichen ersten Überblick über musikalische Rhetorik – dass ganze Passagen aus Gustav Holsts wahrlich monumentalem und bereits in den 1910er Jahren komponiertem Orchesterwerk *Die Planeten* stammten, erfuhr ich erst einige Jahre später von Klassik-Enthusiasten.

Zu einem Zeitpunkt, an dem in Hollywood die auf ganze Symphonien und große Orchester ausgelegte Filmmusik zunehmend im Verschwinden begriffen war, entdeckte Williams das spätromantische Erbe von Soundtrack-Komponisten wie Erich Wolfgang Korngold und Max Steiner neu. Gemeinsam mit Steven Spielberg, dessen Filme er über fünf Jahrzehnte hinweg musikalisch begleiten sollte, setzte er neue Akzente in der symphonischen Filmmusik. Das markante, auf zwei alternierenden Tönen basierende Thema in *Jaws* (*Der weiße Hai*, 1975) (»Bumm – Bumm – Bumm – Bumm«) ging ebenso wie die nervenaufreibenden hohen Streicher Bernard Herrmanns in der Duschmord-Sequenz aus Alfred Hitchcocks *Psycho* (1960) (»krietsch – krietsch – krietsch – krietsch«) in die Filmgeschichte ein.

Die Musik von John Williams ergänzt sich unmittelbar mit der Ästhetik der Filme. Die Space Opera bekommt durch den Anspielungsreichtum bzw. die Verlinkung einerseits eine raffinierte zusätzliche Ebene verliehen. Sie verfügt aber auch, wenn einen die rasanten Geigen-Gefälle während des Flugs durch den Asteroiden-Gürtel in *The Empire Strikes Back* mitreißen, über eine ganz konkrete Wirkung.

Vom Zettelkasten zur Heldenreise

Lucas hatte ursprünglich versucht, die Neuverfilmungsrechte für die Science-Fiction-Serie *Flash Gordon* zu erwerben, war jedoch gescheitert. Also verfasste er selbst über einen Zeitraum von drei Jahren eine gewaltige Sammlung an Notizen,

Charakterskizzen und Schauplatz-Schilderungen. Die ersten Entwürfe, die 2013 von dem Verlag Dark Horse als Comicadaptation veröffentlicht wurden, ließen zwar anfangs einen roten Faden vermissen. Sie erwiesen sich aber im Nachhinein als ideale Fundgrube für den späteren Ausbau zur medienübergreifenden Saga. Die Konstruktion eines detailverliebten Universums findet sich in vergleichbarer Form nur noch in den Arbeiten von J. R. R. Tolkien zur imaginären Chronik des Fantasy-Kontinents Mittelerde aus *Der Herr der Ringe* (etwa im *Silmarillion*) oder in den ausufernden Comicwelten der Verlage DC und Marvel.

Nicht von ungefähr erinnert dies Zettelkasten-Prinzip an ein Rollenspiel-Handbuch. Seit den frühen 1970er Jahren entwickelten sich Rollenspiel-Systeme wie *Dungeons and Dragons* oder hierzulande *Das schwarze Auge* von einem Nischen-Phänomen der Nerd-Kultur zu einem festen Bestandteil des Mainstreams.

In *Star Wars* dient der einfache erzählerische Aufhänger der in Sicherheit zu bringenden Todessternpläne als Eintrittskarte zu einer phantastischen Erkundungsreise durch die unterschiedlichsten Genrewelten. In der weit entfernten Galaxis gehen die Settings fließend ineinander über. Sie ergänzen sich gegenseitig und entwerfen eine imaginäre Topographie. Die Genrereferenzen produzieren immer wieder einen ästhetischen und narrativen Überschuss, der in späteren Erzählungen ebenso gut in anderen Medien wie etwa den Rollenspielen erneut aufgegriffen werden kann.

Allein der Wüsten-Planet Tatooine, auf dem die erste Hälfte von *A New Hope* spielt, vereint die unterschiedlichsten Spielregeln des Western-Genres. Rund um die Farm von Lukes

Familie herrschen die ganz klassischen Spielregeln des Hollywood-Westerns, wie sie der von Lucas bewunderte Regisseur John Ford in seinen Filmen zum Einsatz brachte. Die Feuchtfarmer versuchen in einem langwierigen Prozess die Weiten der Wüste zu besiedeln. Es gibt deutlich gezogene Grenzen, die besser nicht übertreten werden, da hinter ihnen das Land der Gesetzlosen beginnt. Wenn Luke auf die zerstörte Farm seiner Verwandten zurückkehrt, zitiert *A New Hope* direkt ein Bildmotiv aus John Fords stilprägendem Western *The Searchers* (*Der schwarze Falke*, 1956). In der Raumhafenkneipe von Mos Eisley gelten hingegen die ambivalenten Gesetze des Italo-Westerns, dessen zynische Helden wie Clint Eastwood in Sergio Leones *Dollar*-Trilogie (1966–68) mit den Regeln der klassischen Hollywood-Helden brachen. In der für die meisten Fans und auch für mich gültigen ursprünglichen Fassung von *A New Hope* schießt Han Solo, obwohl er zu den zentralen Helden der Saga gehört, in der Kneipe kaltblütig den Kopfgeldjäger Greedo über den Haufen. Mit einem unter dem Tisch versteckten Blaster hat Han für alle Notfälle vorgesorgt. Als ihn der ebenso glücklose wie ungeschickte Greedo als Erster ausfindig macht, um die von Gangsterboss Jabba the Hutt auf Solo ausgesetzte Prämie zu kassieren, zögert Han nicht lange. Er eliminiert den Kopfgeldjäger noch während des scheinbar unverbindlichen Small Talks. In der 1997 erschienenen, digital übermalten *Special Edition* veränderte Lucas den Verlauf des Gesprächs. Auf nicht sonderlich überzeugende Weise fügte er einen Laserstrahl aus Greedos Pistole hinzu. Der nachträglich eingefügte Schuss sollte suggerieren, dass trotz dessen offensichtlichen Unvermögens der grünhäutige Alien zuerst geschossen, Han Solo also in Notwehr gehandelt habe. Doch der Wechsel von den Spielregeln des traditionellen Westerns hin zu den rauen Sitten und ambivalenten Heldenbildern des Italo-Westerns in der ursprünglichen Fassung bot im Vergleich zur geglätteten *Special Edition* die weitaus interessantere Variante.

Samurai-Einflüsse und Schurken-Architektur

Bereits 1977 in *A New Hope* arbeitet Lucas sehr ausgeprägt mit der Verknüpfung unterschiedlicher filmischer Zeichensysteme, verschränkte miteinander sogenannte Genresemantiken. Neben den Western John Fords und den Italo-Western Sergio Leones und Sergio Corbuccis bezieht Lucas vor allem die Samurai-Filme des japanischen Regisseurs Akira Kurosawa ein, die sich nahtlos mit der Western-Semantik auf dem Planeten Tatooine ergänzen. Sowohl die anfängliche Konzentration der Erzählung auf die Roboter C-3PO und R2-D2 als auch der Ehren-Kodex des Jedi-Ritters Obi-Wan Kenobi wurden aus Kurosawas Film *Kakushi-toride no san-akunin* (*Die verborgene Festung*, 1958) übernommen. Während eines Konflikts zwischen verschiedenen Häusern im mittelalterlichen Japan werden zwei einfache Bauern dazu bewegt, einen Goldschatz und eine getarnte Prinzessin unter der Führung eines erfahrenen Samurai durch feindliches Gebiet zu begleiten. Die Geschichte wird aus der Perspektive der beiden sich ständig streitenden einfachen Leute erzählt. Lucas hatte während seines Studiums an der USC auch weitere Arbeiten Kurosawas kennengelernt, etwa *Die sieben Samurai* (1954), *Yojimbo* (1961) und *Rashōmon* (1950).

An Kurosawa bewunderte Lucas dessen Gespür für Bewegung, die Organisation von Massenszenen und den komple-

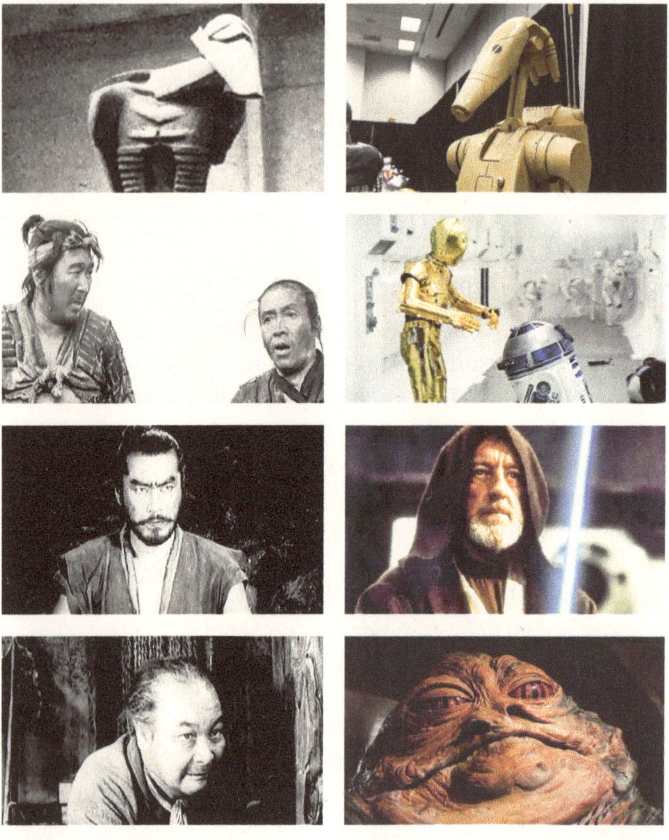

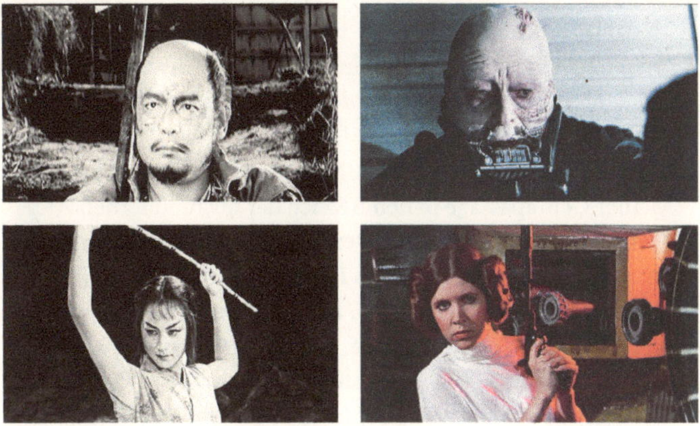

Lucas ließ sich für seine Figuren aus verschiedensten Quellen inspirieren, etwa für den B1-Kampfdroiden durch die Skulptur *The Rock Drill* von Jacob Eckstein aus dem Jahre 1913. Besonders wichtig wurde für die Anlage der Rollen Akiro Kurosawas Film *Die verborgene Festung*, etwa die ständig streitenden Tahei und Matashichi für C-3PO und R2-D2, der gelassene, charismatische General Rokurota Makabe für Obi-Wan Kenobi, der eklige Wirt, der die Prinzessin als Prostituierte übernehmen will, für Jabba the Hutt, der alte weise General Izumi Nagakura für Yoda, der vernarbte General Hyoe Tadokoro für Darth Vader (ohne Maske) und die außerordentlich selbstbewusste Prinzessin Yuki für Prinzessin Leia.

xen Einsatz der Tiefenschärfe. In einem Interview über die Parallelen zwischen *Star Wars* und *Die verborgene Festung* erklärte er später, dass Kurosawas Bildsprache noch deutlich vom Stummfilm geprägt sei, indem sie die Geschichte in erster Linie über die Bilder erzähle. Die Akzentuierung der Bilder macht sowohl in den Arbeiten Kurosawas als auch in den *Star Wars*-Filmen einen wesentlichen Teil ihrer universalen Zugänglichkeit aus. Auch wenn es sich um die fremde Kultur des mittelalterlichen Japan oder um eine weit entfernte Galaxis handelt, findet sich das Publikum auf Grund der einprägsamen Bildsprache relativ schnell in den Filmen zurecht.

In der zweiten Hälfte von *A New Hope* begibt sich Lucas auf seiner Genrepassage in den Bereich der hochmodernen Architektur des legendären Set-Designers Ken Adam, der mit seinen Entwürfen für die *James Bond*-Reihe und für Stanley Kubrick Filmgeschichte schrieb. Auf dem Todesstern findet sich nicht nur ein Konferenzraum, der an den von Ken Adam entworfenen War Room aus Stanley Kubricks Satire *Dr. Strangelove* (*Dr. Seltsam oder wie ich lernte, die Bombe zu lieben*, 1964) erinnert. Die gesamte geordnete, stählerne Architektur des Todessterns weist deutliche Parallelen zu den Schaltzentralen der Bond-Superschurken auf. Sogar das obligatorische versteckte Haifischbecken aus den *James Bond*-Filmen findet sich auf dem Todesstern in der leicht abgewandelten Variante eines Müllschachts wieder, in dem ein Dianoga lauert. Wie dieses außerirdische Ungeheuer im Detail aussieht, bleibt der Phantasie der Zuschauer überlassen.

Das Laserschwert – Eine elegante Waffe

Zu einem der genialsten Einfälle der *Star Wars*-Saga gehört das selbst zum popkulturellen Wahrzeichen des Franchise gewordene Laserschwert. Durch den Erfindungsreichtum des genialen Klangtüftlers Ben Burtt bekam die mit dem Fantasy- und Ritterfilm assoziierte Waffe einen ganz eigenen, markanten Sound. Er bastelte die Geräusche der Laserschwerter aus einem surrenden Filmprojektor im Stand-by-Modus und der

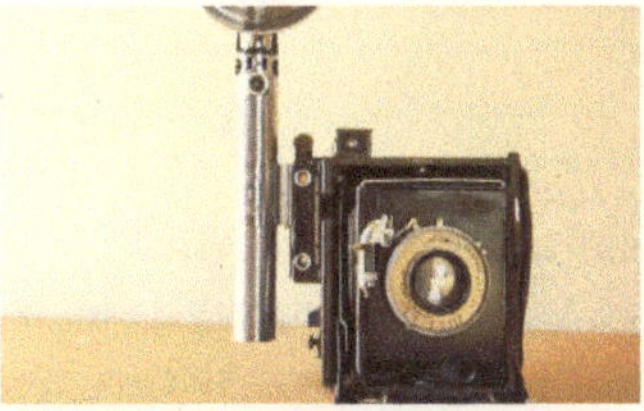
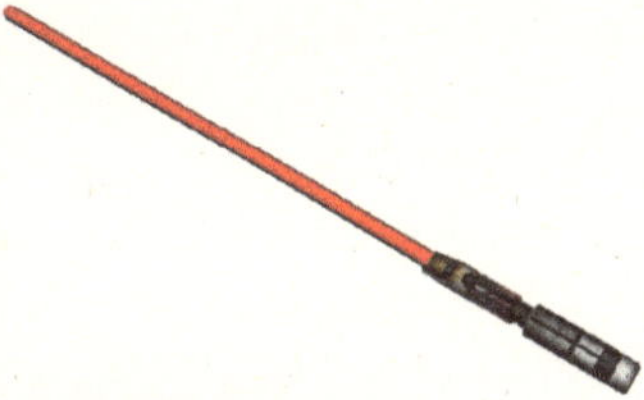
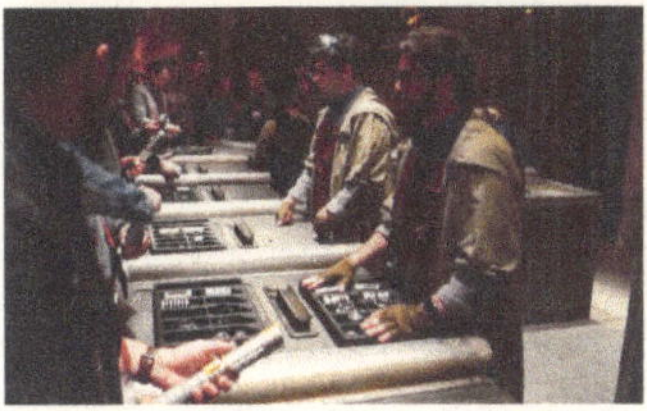
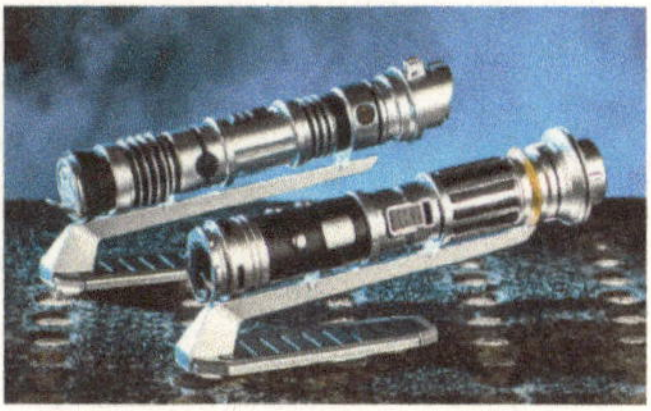

Laserschwerter gibt es in allen Formen und Farben. Als Inspiration diente die Blitzhalterung alter Fotokameras. Heute gibt es alles, vom einfachen Kinderspielzeug über den Setzbaukasten im kalifornischen Disneyland bis hin zum superteuren Replika-Sammlerstück.

britzelnden Kathodenröhre eines Fernsehgerätes zusammen. Durch Bewegungen mit dem Aufnahme-Mikro konnte er den Klang unterschiedlicher Manöver im Schwertkampf simulieren. Jahrzehnte später wurden in den in Comic- und Spielwarenläden erhältlichen Laserschwertern Sound-Chips eingebaut, die den von Burtt erfundenen Klang abspielten. In den frühen 1980er Jahren musste noch ein roter Stock, umwickelt mit schwarzem Klebeband, als Laserschwert herhalten. Heute können sich die Besucher der 2019 neu eröffneten *Star Wars*-Abteilung in Disneyland gegen eine entsprechend hohe Bezahlung ihr eigenes Laserschwert bauen.

Ausgefallene Drehorte, Visual Effects und die Zerstörung des ersten Todessterns

Die eindrucksvolle Naturkulisse der Wüste Tunesiens, der Gletscher Finnlands und der Wälder Nordkaliforniens wird in der ersten Trilogie genutzt, um außerhalb der Ateliers die phantastischen Planeten Tatooine, Hoth und Endor filmische Wirklichkeit werden zu lassen:

Die Wüstensiedlungen in Tunesien wurden entsprechend umdekoriert und ausgebaut, bis sie wie eine Feuchtfarm auf einem fernen Wüstenplaneten aussahen. Den Alltag der Jawas, jener vermummten Schrottsammler, die sich in einem eigenartigen musikalischen Dialekt aus Zwitscherlauten unterhalten, verfolgt die Kamera wie ein teilnehmender Beobachter in einem Dokumentarfilm.

Die eher formalistisch ausgerichteten Vorlieben Lucas' finden sich hingegen im stilprägenden Showdown von *A New Hope*. Als Jugendlicher war ich zuerst von der ungeheuren Dynamik der abschließenden Schlacht um den Todesstern fasziniert. Dass es sich um eine konsequente Weiterführung filmischer Traditionen des experimentellen Kinos handelt, wurde mir erst sehr viele Jahre später bewusst. Für die Aufnahme und die Kombination der einzelnen Flugbewegungen konstruierte der Effektspezialist John Dykstra sogar eine neue Kamera. Mit Hilfe abgespeicherter Bewegungsabläufe konnte die Dykstraflex mehrfach hintereinander unterschiedliche Raumschiff-Modelle aufnehmen und diese in einer Einstellung zusammenfügen.

Als Vorlage für seine Effekttechniker montierte Lucas aus einer ganzen Reihe von Kriegsfilmen, unter anderem dem stilprägenden britischen Fliegerfilm *The Dam Busters* (*Mai 1943 – Die Zerstörung der Talsperren*, 1955) einzelne Manöver und Flugbewegungen. Die Montage aus vorgefundenen Sequenzen funktioniert wie ein animiertes Storyboard. Die *A New Hope* abschließende Schlacht um Yavin, bei der Luke und seine Freunde sich in die schwer gepanzerten Kanäle des Todessterns begeben, entspricht mit ihrer Countdown-Situation natürlich einem mustergültigen Hollywood-Showdown.

Weitaus interessanter erscheinen mir jedoch die Arrangements auf der ästhetischen Ebene. In der filmischen Umsetzung ergibt sich eine direkte Verbindung zwischen Lucas' frühen abstrakten und nicht-narrativen Kurzfilmen an der Filmhochschule und dem Urknall seines millionenschweren *Star Wars*-Franchise. Um die in Hollywood zu Beginn der 1970er Jahre seit längerer Zeit brachliegende Effektproduktion überhaupt realisieren zu können, gründete George Lucas sein eigenes Studio für Visual Effects, Industrial Light & Magic (ILM). Während der Dreharbeiten zu *A New Hope* war ILM noch in einem Fabrikgebäude in Los Angeles untergebracht. Relativ schnell entwickelte sich die Nerd-Werkstatt der leidenschaftlichen Bastler durch den Erfolg des ersten *Star Wars*-Films zu einem Großunternehmen. Lucas verlegte Ende der 1970er Jahre den Firmensitz nach Nordkalifornien. Die Effektkünstler um Dennis Muren, Richard Edlund und Brian Johnson arbeiteten auf Auftragsbasis auch für andere Hollywood-Produktionen, wurden aber vor allem zu einer der wichtigsten Stützen im Firmen-Imperium von Lucasfilm. Die unabhängige Finanzierung der späteren *Star Wars*-Filme sicherte sich George Lucas durch die Einnahmen von ILM, das aufwendige, an Kinos lizensierte Soundsystem THX und die zahlreichen Spielzeug- und Merchandising-Deals rund um *Star Wars*.

Komplexität in Serie – Prequels, Sequels, Attraktionen

Die meisten Schullehrer konnten Anfang der 1980er Jahre die Faszination der *Star Wars*-Filme und -Figuren in verschiedensten Größen und Ausführungen nicht nachvollziehen. Für sie stellten die Spielsachen, durch die sich in der Imagination Portale in ganz andere Welten öffneten, lediglich überteuerten Plastikschrott dar. Der Vorwurf, dass George Lucas mit diesen Figuren angeblich auch New Hollywood moralisch ruiniert habe, kam zum Glück erst einige Jahre später im universitären Kontext hinzu. Doch in diesem fanden sich erfreulicherweise auch Gegenstimmen. Der Medienwissenschaftler Henry Jenkins, bis heute Schutzpatron aller Fan-Forscher und akademischen Nerds, hat nicht nur den schönen Begriff des *Academic Fans* geprägt, der oder die eigene biographische Erfahrungen und die Reflexion der eigenen Begeisterung in die Forschung mit einbringt. In einem Aufsatz wies er nach, wie die *Star Wars*-Spielzeugfiguren eine ganze Generation von angehenden Amateur-Filmemachern geprägt haben: Die Komplexität liegt nicht in den Spielsachen selbst, sondern in ihrem Gebrauch, sei es im Erfinden eigener Geschichten und Situationen oder als nächstem Schritt in der Animation von kurzen, mit Hilfe der *Star Wars*-Figuren umgesetzten Stop-Motion-Trickfilmen, die Einzelbild für Einzelbild aufgenommen werden, in denen Bewegung durch minimale Veränderung der Stellung der Figuren von Bild zu Bild suggeriert wird. Die mit Hilfe von Super-8- und später Videokameras realisierten Kurzfilme finden bis heute in zahlreichen auf YouTube und anderen Kanälen verbreiteten Fan-Filmen ihre Fortsetzung. Eines der außergewöhnlichsten Projekte realisierten die kollektiv produzierten Fan-Remakes der *Star Wars Uncut*-Reihe zu Beginn der 2010er Jahre. Der Austausch per Internet ermöglichte die Koordination eines gewaltigen Vorhabens, an dem sich hunderte Fan-Filmer beteiligten. Jeder von ihnen drehte nach eigenen Vorlieben eine Szene der ersten Trilogie neu. Das stilistische Spektrum reicht von animierten Spielzeugfiguren über intergalaktisches Improvisations-Theater bis hin zu aufwendig produzierten, selbst gezeichneten Passagen. Bisher wurden *A New Hope* und *The Empire Strikes Back* als Fan-Remakes umgesetzt.

Der Ausbau der Trickwerkstatt zum Großunternehmen für visuelle Effekte als eigene Kunstform ergänzte sich unmittelbar mit den ambitionierten Plänen, die Lucas für die geplanten Fortsetzungen verkündete. Es sollte nicht bei einem einzelnen Sequel bleiben. Im Lauf der nächsten Jahre sollte eine ganze neunteilige Saga entstehen, in deren Chronologie der erste Film *A New Hope* die vierte Episode bildet.

Ausgangs- und Knotenpunkt des Phänomens Multiversum

Dass *Star Wars* sich überhaupt zu einem Phänomen entwickeln konnte, das noch Jahrzehnte nach der Premiere des ersten Films über die nostalgischen Erinnerungen hinaus relevant und lebendig ist, hat sehr viel mit dem Konzept von *The Empire Strikes Back* (*Das Imperium schlägt zurück*, 1980) zu tun. Der erste Film von 1977 bot eine ausgesprochen originelle Aktualisierung der Space-Opera-Abenteuer der klassischen Science-Fiction, ergänzt um Akira Kurosawas Samurai-Epen und Elemente der Western-Filmgeschichte. Doch erst die in *Empire Strikes Back* erprobte Struktur einer Erzählung, die wie ein Knotenpunkt im weit verzweigten Geflecht einer auf neun Teile angelegten Saga in die Zukunft ebenso wie in die Vergangenheit verweist, lädt unmittelbar zur eigenen Beteiligung an der Ausgestaltung der weit entfernten Galaxis ein.

Das offene Ende, bei dem noch dazu Darth Vader und seine Schergen die Oberhand behalten, war für das Jahr 1980 noch relativ ungewöhnlich. Nachdem der dunkle Lord die Helden durch die halbe Galaxis verfolgt und Luke seine Ausbildung beim weisen Jedi-Meister Yoda abgebrochen hat, kann der Schluss des zweiten Films bestenfalls als unentschieden verbucht werden. Han Solo wird eingefroren und soll an den Gangsterboss Jabba the Hutt, dem er eine größere Summe Geld schuldet, ausgeliefert werden. Prinzessin Leia entdeckt nach bester Romantic-Comedy-Tradition doch noch ihr Herz für den chaotischen Han Solo, verliert ihn aber gleich wieder an die Kopfgeldjäger.

Lukes Hand wird im Duell mit Vader abgeschlagen. Obendrein musste er auch noch mit der Enthüllung zurechtkommen, dass Darth Vader höchstselbst sein totgeglaubter Vater ist.

Die dramaturgische Struktur von *Empire* funktioniert zwar auch für sich allein – nachdem es sich aber um das Mittelstück einer Trilogie handelt, verfügten Regisseur Irvin Kershner und Drehbuchautor Lawrence Kasdan, der den Job von der verstorbenen Hollywood-Veteranin Leigh Brackett übernommen hatte, über weitaus größere dramaturgische Freiheiten. Sie mussten nicht wie im ersten Film *A New Hope* der strengen

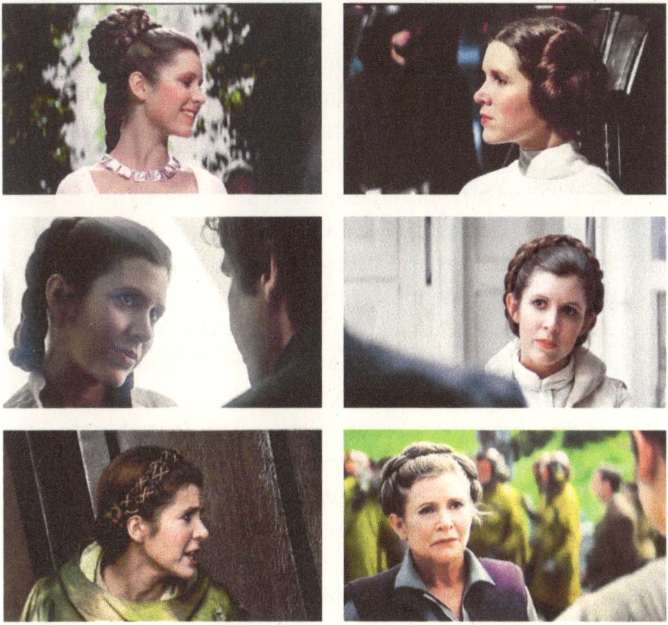

Leias Frisuren überzeugen auch durch ihren Variantenreichtum. In *The Force Awakens* hat sie beim Wiedersehen mit Han Solo nach dreißig Jahren einen großartigen Dialog: Han: »New haircut?« – Leia: »Yes, but same old jacket?« – Han: »Hey, that's not fair. I've bought a new one.«

Struktur einer klar zielgerichteten Handlung folgen. Die einzelnen Abschnitte des Films funktionieren im Zusammenspiel und vertiefen mit ausgefeilten einprägsamen Dialogen zusätzlich die Charaktere. Gleichzeitig bilden sie auch eigene Einheiten, die als solche selbständige Teile des Mythen-Patchworks *Star Wars* definieren. Die Schlacht um den Eisplaneten

Hoth kombiniert Stop-Motion-Tricks mit realen Aufnahmen eines Gletschers in Norwegen, auf dem eine ganze Truppe von Komparsen gegen die später im Trickstudio von ILM eingefügten imperialen AT-AT-Walker kämpft (diese bildet bis heute eines der grundlegenden Szenarien für die unterschiedlichsten *Star Wars*-Spiele, vom strategischen Brettspiel bis hin zu zahlreichen Videospielen). Die Passagen auf dem Sumpfplaneten Dagobah, der eher an Fantasy-Szenarien als an futuristische Weltraum-Epen erinnert, entwerfen erstmals eine ganze Philosophie für die Lektionen der Jedi-Ritter: Der von keinem Geringeren als Frank Oz, dem Miterfinder der wunderbar anarchischen Muppet-Show, gesteuerte Yoda agiert derart gekonnt, dass die Puppe noch heute einen weitaus lebendigeren Eindruck als die Darsteller in so manchem Reißbrett-Blockbuster macht. Er bereitet Luke Skywalker und dem Publikum einen Crash-Kurs in buddhistisch geprägter Philosophie. Der Einfluss fernöstlicher Ideen dürfte zu einem wesentlichen Anteil auf den Regisseur und praktizierenden Buddhisten Irvin Kershner zurückgehen, einen klassischen Hollywood-Profi mit einem ausgeprägten Gespür für Timing und Inszenierung, der Lucas bereits an der Filmhochschule unterrichtet hatte.

Das raffinierte Wechselspiel aus Beschleunigung und bewusster Verlangsamung, das den gesamten Film prägt und ihn zum wohl gelungensten aller *Star Wars*-Filme macht, wird von der Ruhe und Gelassenheit Yodas getragen. Nachdem das sonst in der Regel am Ende eines Films platzierte Spektakel der Schlacht um Hoth bereits im ersten Drittel des Films abgefrühstückt ist, nehmen sich Kershner und Kasdan ausgiebig Zeit, um Yoda über den schnellen und leichten Weg, der zur dunklen Seite der Macht führt, referieren zu lassen. Entgegen dem Trend zu den gestählten Kampfmaschinen, die sich kurz darauf im Actionkino der 1980er Jahre die Klinke in die Hand gaben, betont Yoda, dass die Jedi-Ritter die Macht ausschließlich zur Verteidigung, niemals zum Angriff benutzen.

Das letzte Drittel in der vom stilbewussten Schmuggler Lando Calrissian verwalteten Wolkenstadt Bespin entwarf ein weiteres Szenario, das ebenfalls für eine vollständig eigene Erzählung geeignet gewesen wäre. Die Idee der schwebenden Stadt in den Wolken wurde aus den *Flash Gordon*-Serials der 1930er Jahre übernommen, vielleicht auch von Jonathan Swifts fliegender Insel Laputa aus dessen Roman *Gullivers Reisen* von 1726 inspiriert. Die filmische Umsetzung entwickelte jedoch eine im Design durch eine Fülle an Details beeindruckende Eigenständigkeit. Auf den oberen Etagen dominieren helle Räume und Art-Deco-Architektur als eine Space-Opera-Variante des Jugendstils. Je tiefer es während des Duells zwischen Luke und Darth Vader in die mechanischen Katakomben der Stadt geht, desto verschlungener und labyrinthischer werden die von monströsem Industrie-Design geprägten Schächte und Korridore. Die Kohlenstoff-Gefrieranlage, in der Han Solo bis zum nächsten Teil auf Eis gelegt wird, erscheint dabei wie eine besonders schräge Mischung aus dem Labor eines verrückten Wissenschaftlers und einem von Feuer und Schwefel dominierten Höllengemälde.

Die Sorgfalt des Set-Designs setzt sich unmittelbar in der Charakterisierung der neuen Figuren fort: Billy Dee Williams knüpft mit seinem Auftritt als Lando Calrissian an seine Rollen als afro-amerikanischer Abenteurer und Gentleman im Kino der 1970er Jahre an. Yoda vereint alle Eigenschaften der kindlich-weisen Muppets und befördert deren Puppenspielkunst auf ein neues Niveau. Einer der imposantesten Neuzugänge ist jedoch nach wie vor der mit einem Raketenrucksack ausgestattete Boba Fett: Der geheimnisvolle Kopfgeldjäger mit der mandalorianischen Rüstung entwickelte sich von einer dekorativen Nebenfigur zu einem Kultcharakter innerhalb des Fandoms. Er veranschaulicht von allen *Star Wars*-Charakteren am deutlichsten, wie sich Merchandising und kreative Interpretationen gegenseitig ergänzen können. Seine Spielfigur, die 1978 vor dem Kinostart von *The Empire Strikes Back* auf den Markt kam, verfügte über die eindrucksvollsten Gadgets aller Charaktere.

Die per Knopfdruck abgefeuerte Rakete aus Boba Fetts Rucksack musste auf Grund strengerer Sicherheitsvorschriften befestigt werden, dennoch entwickelte er sich zu einer der beliebtesten Figuren aus dem *Star Wars*-Sortiment. Die zahlreichen Hinweise über seine unklare Vergangenheit sowie der von Clint Eastwoods Italo-Western-Helden entliehene Poncho beförderten die Spekulationen über seine Hintergrundgeschichte zusätzlich. George Lucas selbst schien sich nicht so sehr für die Figur zu interessieren wie wir. Nachdem der Kopfgeldjäger seine Schuldigkeit als vorab veröffentlichter Werbeträger für *The Empire Strikes Back* getan hatte und den eingefrorenen Han Solo an den riesig-schneckenartigen Unterweltboss Jabba the Hutt ausgeliefert hatte, ereilte ihn zu Beginn von *Return of the Jedi* ein unrühmliches Ende. Wie eine vertrottelte Cartoon-Figur landete er während der Schlacht auf Jabbas Segelbarke durch den versehentlich aktivierten Raketenrucksack im Schlund des Sarlacc in der Wüstengrube von Carkoon. Das im Wüstensand vergrabene Monster, das aus einem Maul und einer Vielzahl von Tentakeln besteht, verdaut seine Opfer in einem tausend Jahre langen Prozess. Das durfte einfach nicht wahr sein: Comics, Fan-Filme und Kurzgeschichten berichten, wie Boba Fett sich seinen Weg aus dem Sarlacc

Die wertvollsten *Star Wars*-Figuren

1. Jawa mit Vinyl-Umhang: 18 000 $
2. Lego Millennium Falcon, erste Auflage von 2007: 16 000 $
3. Heft 1 der *Star Wars*-Marvel-Comics: 13 600 $
4. Vergoldeter Lego-Boba-Fett: 12 000 $
5. Medical Droid FX-7: 11 500 $
6. Goldener Lego-C-3PO: 10 000 $
7. Anakin Skywalker Macht-Geist (1983): 7500 $
8. Han Solo in Karbonit, lebensgroße Nachbildung: 7000 $
9. Darth Vader (1977): 6500 $
10. Obi-Wan Kenobi (1977): 6500 $

Quelle: gunaxin.com/valuable-star-wars-toy-collectibles

Die Website www.ranker.com bewertet Boba Fetts Figur mit abfeuerbarer Rakete gar mit 150 000 $, gefolgt von Darth Vader mit 45 000 $ sowie Jawa mit Vinyl-Umhang mit 20 000 $.

Laut www.popularmechanics.com bringt ein bloßer Karton namens »Early Bird Certificate Package« stolze 9000 $ ein. Zwischen dem Kinostart von *A New Hope* und dem Weihnachtsgeschäft 1977 war keine Zeit für die Produktion von erstem *Star Wars*-Spielzeug, sodass dieser Karton in den USA vorab mit dem Versprechen verschenkt wurde, vier Spielfiguren im Februar 1978 nachzuliefern. In Deutschland ergab sich das Problem nicht, da *Krieg der Sterne* erst im Frühjahr 1978 in die Kinos kam.

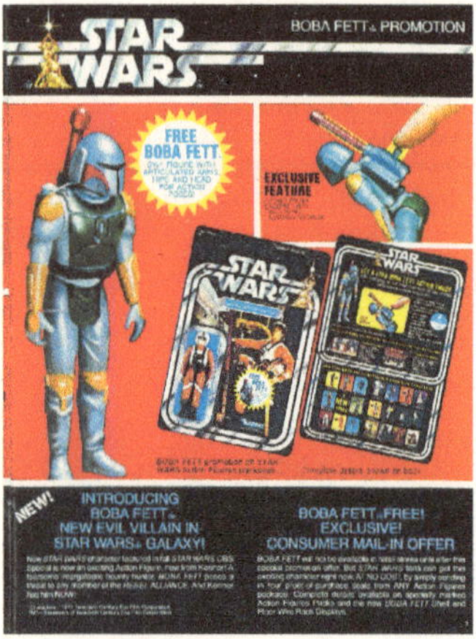

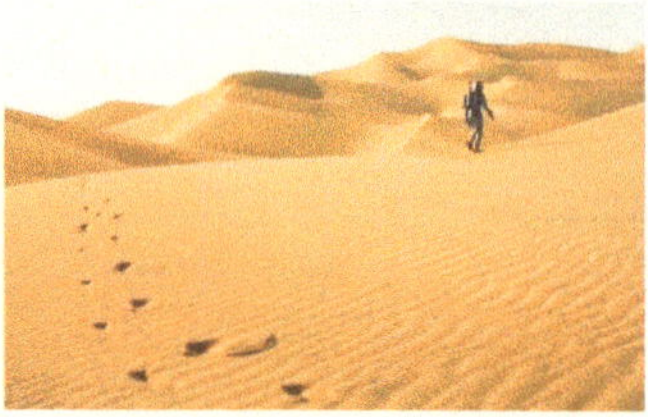

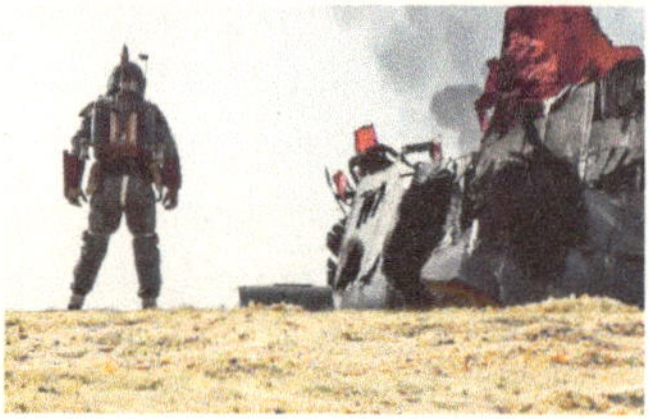

Die originale Werbeanzeige für die berühmte Spielzeugfigur des Boba Fett – und dessen Wiederauferstehung in zwei eigenständig produzierten Fan-Filmen.

frei kämpfte, um in weiteren Geschichten des so genannten *Expanded Universe* in Aktion zu treten. Lucas zeigte sich von der Diskussion um das Schicksal des Kopfgeldjägers sichtlich genervt: Boba sollte gefälligst in seiner Grube bleiben!

Die Fans interessierten diese Vorgaben nicht: Weiterhin entwarfen sie eigene Varianten, wie Boba Fett dem Sarlacc entkam. Schließlich zeigte sich Lucas diplomatisch. Im Audiokommentar zur DVD-Veröffentlichung erklärte er, dass Boba Fett nach der Abblende genauso gut wieder aus der Sarlacc-Grube klettern könne – was er in den Comics, Romanen und 2021 endlich hochoffiziell in der Serie *The Book of Boba Fett* mit Temuera Morrison auch tat. Das Beispiel zeigt nicht nur die hohe Eigendynamik der Fandiskurse. Das zwischen Fans und Produzenten verhandelte Schicksal Boba Fetts verdeutlicht, dass es sich bei *Star Wars* als kulturellem Phänomen nicht mehr um ein in sich geschlossenes Einzelwerk, sondern um eine kollektive Schöpfung handelt.

Nur ein weiteres Beispiel: Die Liebeserklärung zwischen Han und Leia, kurz bevor dieser in die Gefrieranlage gesteckt wird, gehört sicher zu den flapsigsten und einprägsamsten der Filmgeschichte. Lucas reagierte relativ entsetzt, nachdem Harrison Ford und Irvin Kershner den Dialog spontan umgeschrieben hatten. Auf Leias Erklärung »Ich liebe Dich« reagiert Han kurz angebunden: »Ich weiß.«

Mit *The Empire Strikes Back* veränderte sich der Status von Fortsetzungsfilmen in Hollywood nachhaltig. Zuvor galten Sequels, wenn es sich nicht gerade um eine kontinuierliche Reihe wie die *James Bond*-Filme handelte, als billig produzierte Aufgüsse des Vorgängers, um mit möglichst wenig Einsatz möglichst viel Geld zu machen. *The Empire Strikes Back* leistete einen wesentlichen Beitrag, dieses Vorurteil zu entkräften. Mehr noch: Mit dem Film etablierte sich das Modell der Trilogie als neues Format, das den Fortsetzungen eines Films eine übergreifende Dramaturgie verleihen konnte.

Einmal Campbell und zurück – Mythen-Bahnen zwischen Attraktionen und standardisierter Heldenreise

George Lucas hatte zum Zeitpunkt von *Return of the Jedi* (*Die Rückkehr der Jedi-Ritter*, 1983) die Heldenreise des Anthropologen Joseph Campbell als zuverlässige Marschroute für seine Touren durch das *Star Wars*-Universum entdeckt. 1949 hatte Campbell für seine umfangreiche Studie *The Hero with a Thou-*

Die Geschichte wäre einen eigenen Film wert: **David Lynch**, der als Regisseur später abgründige und einprägsame surreale filmische Trips wie *Lost Highway* (1997) und *Mulholland Drive* (2002) schaffen und mit *Twin Peaks* (1990–2017) den Anstoß für eine Reihe ebenso erfolgreicher wie komplexer TV-Serien geben sollte, bekam von Lucas die Regie zu *Return of the Jedi* angeboten.

Lynch war der Einladung zu einem Planungstreffen nur aus Höflichkeit und aus Respekt für George Lucas nachgekommen. Von Anfang an war ihm nicht wohl dabei. Beim gemeinsamen Mittagessen in einem nostalgisch anmutenden Diner stimmte noch alles. Doch nach einer gemeinsamen Rundfahrt in Lucas' neuem Sportwagen wendete sich das Blatt: Der Besitzer der Skywalker Ranch kam auf die Idee, seinem Kollegen eine Führung durch das Trick-Atelier von ILM zu geben. Während David Lynch in

sand Faces (*Der Heros in tausend Gestalten*) die Mythen unterschiedlichster Kulturen untersucht und daraus das dramaturgische Modell jeder Heldenreise konstruiert. Angelehnt an die Archetypenlehre des Psychologen C. G. Jung geht Campbell davon aus, dass trotz der unterschiedlichsten kulturellen Kontexte den klassischen Heldenerzählungen ein einziges gemeinsames Muster zu Grunde liegt: die Heldenreise. Deren Aufteilung in die drei Phasen Aufbruch, Prüfungen und Wiederkehr ergibt sich aus grundlegenden psychischen Bedürfnissen.

Durch den Ruf des Abenteuers folgt der Aufbruch aus der gewohnten Welt. Nach einer anfänglichen Weigerung nimmt der Held oder die Heldin eine Aufgabe an, die durch Boten seinen Gemälden den US-amerikanischen Expressionismus der Action-Paintings eines Jackson Pollock und die schmerzverzerrten Gestalten eines Francis Bacon aufgreift, war Lucas gerade damit beschäftigt, die ersten Entwürfe aus seiner Designabteilung in Empfang zu nehmen: die Ewoks vom Waldmond Endor. Im Finale zu *Return of the Jedi* bringen die cleveren Teddybären in einer Wendung, die Lucas und Kasdan mehrfach mit den Taktiken des Vietkong gegen die überlegene US-amerikanische Armee im Vietnamkrieg verglichen haben, mit einfachen Steinschleudern und Fallstricken die Kriegsmaschinerie des überlegenen Imperiums zu Fall. Lynch wollte nur noch möglichst schnell nach Hause und setzte lieber 1984 das eigenartige Science-Fiction-Epos *Dune* in den Sand. Die niedlichen Waldbewohner waren ihm unheimlicher als seine eigenen Schöpfungen.

überbracht worden ist. Den Schritt über die erste Schwelle leitet noch ein Mentor an, der in der Regel auf dem Weg der Prüfungen jedoch zurückbleibt. Die Helden treffen auf ihren Reisen durch die fremde Welt auf Verbündete und Feinde, deren Rolle nicht immer auf den ersten Blick erkennbar ist. Nach einer Reihe von Bewährungsproben stellen sie sich in der tiefsten Höhle ihrem Gegner, der häufig auch als Schatten der Heldin oder des Helden dient, im Jung'schen Sinne als Verkörperung der dunklen Persönlichkeitsanteile einer Figur. Nach der Überwindung des Gegners, der einige Rückschläge und eine Phase tiefen Zweifels vorangehen, werden die Helden belohnt und begeben sich auf den Rückweg in die vertraute Welt. Als neue Persönlichkeit kehren sie mit einem Elixier oder einer anderen Belohnung im Gepäck an den Ausgangspunkt ihrer Reise zurück.

Doch hatte sich Lucas erst relativ spät für die Anwendung des Strukturmodells der Heldenreise entschieden. Die ersten Drehbuchentwürfe zu *Star Wars* erinnern noch weitaus stärker an die episodischen Erzählstrukturen alter Pulp-Serials oder Comics, in denen sich eine spannende Situation an die nächste reiht. Die ersten Story-Skizzen präsentieren ein bunt zusammengewürfeltes Ensemble an Helden und verweisen auf weitere Schauplätze mit merkwürdigen Namen. Bei Luke Skywalker handelt es sich in den ersten Fassungen um einen älteren, erfahrenen General. Han Solo war kein charmanter Draufgänger, sondern ein grünhäutiges Alien, Darth Vader nur einer unter vielen verschiedenen Schurken. Die Anspielungen auf Akira Kurosawas *Die verborgene Festung* (1958) waren in der ersten Drehbuchfassung direkter, da die dort titelgebende geheime Basis noch als Schauplatz auftaucht.

Im Unterschied zu diesen ersten Entwürfen orientiert sich der fertige Film *A New Hope* beispielhaft an den Campbell'schen Stationen. Der Hilferuf der Prinzessin erreicht Luke über die Boten R2-D2 und C-3PO. Die folgenden Grenzübertritte lösen die für Serials wie *Flash Gordon* charakteristischen Cliffhanger aus. Diese bedrohlichen, manchmal nahezu haarsträubenden Situationen, in denen die Helden um Gordon buchstäblich zum Ende einer Folge am Rande des Abgrunds hängen, sollten in der nächsten Woche erneut das Publikum in die Kinos und später an die Fernsehschirme locken.

Eine besondere Finesse in der Weiterentwicklung der Cliffhanger-Situationen durch Lucas und Spielberg besteht darin, dass diese nicht nur als spannungsvolle Komponente, sondern zugleich als Übergänge auf der dramaturgischen Schienenbahn der Campbell'schen Heldenreise dienen:

- Die Reise in die gefährlichen Weiten der Jutland-Wüste in *A New Hope* resultiert im Angriff der Tusken-Räuber, hat jedoch auch Lukes erste Begegnung mit seinem Mentor Obi-Wan Kenobi zur Folge.
- Die anschließende Weigerung, dem Hilferuf Leias auf den Planeten Alderaan zu folgen, entspricht einer weiteren Station der Heldenreise: Doch nachdem Luke entdecken muss, dass in seiner Abwesenheit sein Onkel und seine Tante von den imperialen Truppen ermordet wurden – und es deshalb für ihn schlicht kein Zuhause mehr gibt, in das er heimkehren könnte, folgt er dem Ruf des Abenteuers.
- Die Ankunft am Raumhafen von Mos Eisley, in dessen Bar die Helden bald Han Solo und Chewbacca kennenlernen werden, markiert einen weiteren Schwellenübertritt. In der eindrucksvollen Bildkomposition wird dieser zentrale Moment der Heldenreise unmittelbar visualisiert: Obi-Wan, Luke und die beiden Droiden blicken von einem Felsvorsprung auf die Wüstensiedlung Mos Eisley hinunter.
- Die tiefste Höhle entspricht nach Campbell dem unfreiwilligen Zwischenstopp auf dem Imperialen Todesstern. Die gemeinsame Flucht mit der schlagfertigen Prinzessin Leia vereint gleich mehrere Prüfungen. Einen bitteren Rückschlag erfahren die Rebellen, als Obi-Wan sich im Duell mit seinem ehemaligen Schüler Darth Vader opfert. Die Zerstörung des Todessterns und Lukes Entscheidung, sich als Pilot der Rebellen-Allianz anzuschließen, markieren am Ende die erfolgreiche Rückkehr aus dem Abenteuer und die Ankunft in einer neuen Situation.

Doch finden sich entsprechende Strukturparallelen nicht nur im einzelnen Film: Das von Lucas und seinen Mitstreitern gewählte Modell der Trilogie bewährt sich besonders in Hinblick auf die Idee der Heldenreise. Durch *The Empire Strikes Back* und *Return of the Jedi* wird *A New Hope* zur ersten Etappe der Reise erklärt. In *Empire* finden sich in der dunklen magischen Höhle auf Dagobah noch eindrucksvollere Bilder für den Abstieg in die Unterwelt. Die Architektur der Wolkenstadt gleicht einem Labyrinth aus Industrieanlagen und monströsen Schächten. *Return of the Jedi* liefert schließlich mit mehreren Umleitungen, unter anderem zum Plüsch-Teddy-Werksverkauf der Ewoks auf dem Waldmond Endor Lukes abschließende Versöhnung mit dem dämonischen Vater. Die Liebeserklärung zwischen Han und Leia bringt die romantische Parallelhandlung zum Abschluss.

Doch reicht dieser Rückbezug auf die Struktur der Heldenreise aus, um die anhaltende Faszination jener weit entfernten Galaxis zu erklären? Weder lässt sich daraus der bizarre Charme der monströsen Mos-Eisley-Tresen-Crew oder der Kopfgeldjäger ableiten, noch hilft sie hinsichtlich der Erklärung des mustergültigen Level-Aufbaus für Videospiele weiter, der sich in zahlreichen Passagen wie der Schlacht um den Todesstern, dem Kampf um den Eisplaneten Hoth oder den Verfolgungsjagden durch die Wälder von Endor findet.

Seit *The Empire Strikes Back* funktioniert die Heldenreise nicht mehr als Einschienenbahn, sondern als mehrgleisiges Netzwerk mit verschiedenen Knotenpunkten und Übergängen. Wie auf einem Umsteigebahnhof lässt sich der Campbell'sche Kreisverkehr zu Gunsten der unterschiedlichsten Heldenreisen in verschiedenen Medien unterbrechen. Als zweites zentrales dramaturgisches Konzept der *Star Wars*-Saga nennt die

Filmwissenschaftlerin Michaela Krützen das »Kino der Attraktionen«. Der Filmhistoriker Tom Gunning prägte Mitte der 1980er Jahre diesen Begriff als Bezeichnung für jene Filme, die vor der Einführung einer durchgehenden Handlung in den 1890er und 1900er Jahren auf Jahrmärkten zu sehen waren: Im Unterschied zum klassischen erzählenden Hollywood-Kino, das die Mittel der Inszenierung für die Zuschauer möglichst unsichtbar halten will, zeichnet sich das Kino der Attraktionen durch die demonstrative Ausstellung seiner Schauwerte und Tricks aus. Der französische Magier Georges Méliès führte in seinen phantastischen Filmen mit Hilfe der Kamera und der Überblendung Zaubertricks vor und ließ fremde Welten entstehen. Einige Filme präsentierten Rundfahrten mit Eisenbahnen durch die Rocky Mountains und Reisefilme zeigten ferne Städte und exotische Ansichten, zu denen im späten 19. Jahrhundert durchaus auch der Hafen von New York gehören konnte. In Spielberg und Lucas entdeckte Gunning späte Nachfolger des Kinos der Attraktionen.

Eine der einprägsamsten Begründungen für diese Sichtweise findet sich in *Return of the Jedi*: die Verfolgungsjagd auf Hochgeschwindigkeitsmotorrädern durch die Wälder von Endor. Sie definiert eine weitere Standardsituation der Saga. Dramaturgisch dient sie als Überleitung zwischen den Stationen der Heldenreise, bildet eine eigenständige Attraktion und gibt zugleich eine mustergültige Blaupause für spätere Videospiele ab. Mit Hilfe einer Steadicam, einer am Körper befestigten Kamera, die flüssige Bewegungen ohne verwackelte Aufnahmen ermöglicht, nahmen die Techniker von ILM einen Spaziergang durch die Wälder Nordkaliforniens auf. Durch die reduzierte Anzahl von Einzelbildern erwecken die bei normaler Geschwindigkeit projizierten Aufnahmen den Eindruck, die Kamera würde sich mit halsbrecherischer Höchstgeschwindigkeit durch einen dichten Wald bewegen. In diese Aufnahmen, die unmittelbar an die Zugfahrten und ungewöhnlichen Ansichten des Jahrmarktkinos Ende des 19. Jahrhunderts erinnern, wurden die auf Flugmaschinen-Modellen vor einem Bluescreen agierenden Schauspieler hineinmontiert. Für die Explosionen verwendete man hingegen Miniaturen. Orchestriert wurde die Verfolgungsjagd mit einer Symphonie aus Soundeffekten, die Ben Burtt mit Aufnahmen von Geräuschen eines Flugzeugmotors aus den 1940er Jahren und eines startenden Helikopters bastelte. Auf den Einsatz von Filmmusik wurde in der Sequenz weitgehend verzichtet.

Auf besonders anschauliche Weise fasst die Speeder-Bike-Sequenz die vielschichtige Qualität der Effektpassagen zusammen: Auf der ganz unmittelbaren Ebene der Attraktion fasziniert die Sequenz durch ihre Dynamik. Zugleich ähneln die ungewöhnlichen Sinneseindrücke den formalen Experimenten des Avantgardefilms. Für den Heimgebrauch verfügt sie außerdem über ein besonderes spielerisches Potential: Im Spielzeug-Sortiment zu *Return of the Jedi* zählte das Speeder Bike zu den attraktivsten Fahrzeugen: Durch einen Knopfdruck konnte der Fahrer des futuristischen imperialen Motorrades in hohem Bogen von seinem Sitz geschleudert werden. In den *Star Wars*-Games bringt sie als Ausdruck der cineludischen Form die Austauschprozesse zwischen Kino und Videospiel auf den Punkt.

Cineludische Formen (der Begriff ließe sich als filmische Spielformen übersetzen) eignen sich für ein Arrangement der Attraktionen, das einen eigenen dramaturgischen Aufbau ermöglicht. Sie finden sich filmhistorisch an jenen Stellen der

Star Wars lässt die Kinokasse klingeln

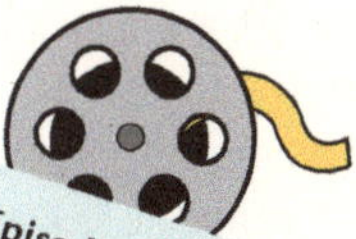

Aus der 1977 mit einem geringen Budget produzierten Hommage an die klassischen Science-Fiction-Serials entwickelte sich eines der lukrativsten Franchise-Unternehmen der Filmgeschichte. Der immense finanzielle Erfolg sicherte Lucas die erhoffte künstlerische Unabhängigkeit von Hollywood.

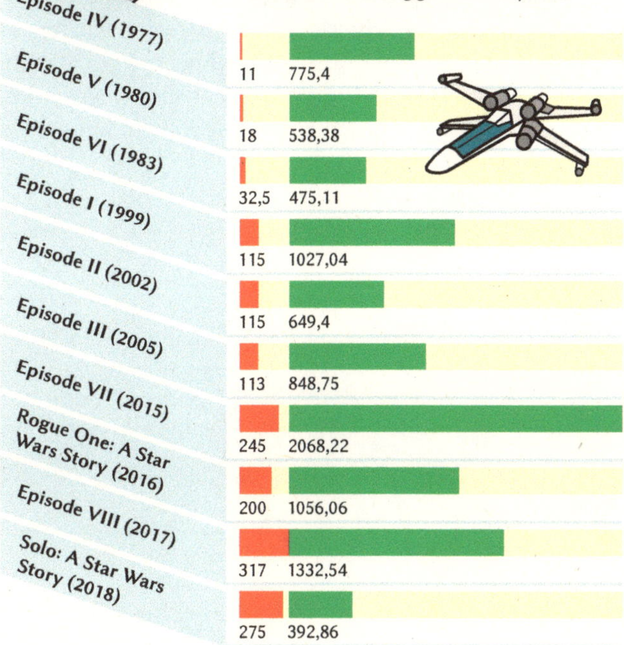

Produktionskosten in Millionen $

Box Office Global (Einspielergebnis international) in Millionen $

Quellen: www.statista.com / www.boxofficemojo.com

James Bond-Reihe, an denen der Handlungsaufbau der klassischen Genres wie Kriminal-, Abenteuer- und Spionagefilm in den modernen Actionfilm übergeht. Parallel zu den *Star Wars*-Filmen tauchen sie auch in Disneys *Tron* (1982) und der *Indiana Jones*-Reihe auf. Ihre Dramaturgie setzt auf die quasi spielerische Durchquerung eines bestimmten Raums, der mit verschiedenen Hindernissen und einer sukzessiven Abfolge von Herausforderungen versehen ist. An diesem Punkt ergibt sich eine stilprägende Schnittstelle zwischen den *Star Wars*-Filmen und den Ende der 1970er Jahre ihre erste große Blüte erlebenden Videospielen: Lucas pflegte mit einem eigenen Label von Anfang an die neuen künstlerischen und kulturellen Möglichkeiten der Games.

Die Do-it-yourself-Heldenreise – *Star Wars*-Videospiele und das *Expanded Universe*

Star Wars und Videospiele ergänzen sich unmittelbar. Bereits in den ersten Feuilleton-Kritiken aus den späten 1970er Jahren wurden Bezüge zu Spielen und Arcade-Automaten erkannt. Ein Kritiker des *Zeit Magazins* verglich den Film mit einem aufgerüsteten Flipper-Automaten und Vincent Canby von der *New York Times* umschrieb die Erfahrung des Kinobesuchs mit einem Versteckspiel im Planetarium. Die von ILM realisierten Effekte wie die Flüge über die Oberfläche des Todessterns ließen sich unmittelbar in Game-Szenarien umwandeln – und genau das geschah auch. Wie in einer langen Kamerafahrt bewegt sich der Blick des Spielers im ersten Spielautomaten zu *Star Wars* 1982 über den Todesstern und in den mit schweren Geschützen und Gittern gesicherten Graben hinein. Am Ende des vorprogrammierten Fluges musste die Ventilationsöffnung mit einem zielsicheren Schuss getroffen werden – und nach fünf intensiven, aufregenden Minuten explodierte die imperiale Kampfstation in einer rudimentären Animation. Sprach-Samples aus dem Film steigerten die atmosphärische Spielerfahrung und sogar eine digitalisierte Variante von John Williams' *Star Wars*-Thema war kurz zu hören.

George Lucas hatte damit als einer der ersten Hollywood-Regisseure das Potential der Videospiele erkannt und gründete Mitte der 1980er Jahre eine eigene Videospiel-Firma unter dem Label Lucasfilm Games, die später in LucasArts umbenannt wurde. Das Label produzierte Geschicklichkeitsspiele wie *Rescue on Fractalus* (1985), die sich durch technische Innovationen und eine rasante Geschwindigkeit auszeichneten. Doch ließen direkte Adaptationen zu *Star Wars* auf sich warten.

Das Designer-Team von LucasArts entwickelte erst einmal eigene Konzepte. In den ersten Spielen des Labels zeigten sich deutlich die cineastischen Einflüsse der Designer und ihres Produzenten. Das Adventure-Spiel zum Puppenfilm *Labyrinth* (1986) wechselte erst nach Betreten eines Kinos von einem reinen Text-Interface zur grafischen Darstellung der Spielaufgaben. *Maniac Mansion* (1987) und *Day of the Tentacle* (1993) feierten die Pulp-Szenarien des Science-Fiction- und Horrorfilms der 1950er Jahre. Die selbstironischen Piratenabenteuer der *Monkey Island*-Reihe (seit 1991) wurden zu Kultspielen und die Abenteuer von Indiana Jones erfuhren im Spiel zum Film *The Last Crusade* (1989) einige überraschende parodistische Wendungen.

1993 realisierte LucasArts schließlich die lang erwarteten, selbst entwickelten ersten *Star Wars*-Videospiele. Durch die Einführung der CD-Rom war es möglich geworden, umfangreiche, eigens neu für die Spiele gedrehte Filmsequenzen zu integrieren. Das Spiel *Rebel Assault* sorgte mit seinen aus heutiger Sicht zwar grob gepixelten, damals aber sensationellen Filmpassagen für einen rasanten Anstieg im Verkauf von CD-Rom-Laufwerken und entsprechend leistungsfähigeren Rechnern. Gemeinsam mit den Rebellen konnten die Spieler durch einen Canyon auf dem Wüstenplaneten Tatooine und ein Asteroidenfeld fliegen. Auf dem Eisplaneten Hoth kämpfte man gemeinsam gegen die AT-AT-Walker und danach wurde – welch Überraschung! – ein Todesstern zerstört.

Mit der Flugsimulation *X-Wing* folgte in den frühen 1990er Jahren auf dem heimischen PC ein weiterer Ausflug in die spielerische *Star Wars*-Galaxis. Allerdings erwies sich die Installation über Diskette, für die erst einmal der Speicher des Rechners richtig konfiguriert werden musste, nahezu komplizierter als die Zerstörung eines – wer hätte das gedacht! – weiteren Todessterns im Lauf des Spiels. In den *X-Wing*-Spielen war die gesamte Tastatur mit Funktionen belegt. Die Energiereserven des Raumschiffs mussten ebenso eingestellt werden wie die Laser und die Schilde. Zwischendurch musste man immer wieder einen Blick auf die taktische Karte werfen, um zu sehen, aus welcher Richtung die imperialen Raumjäger angriffen. In den *X-Wing*-Spielen mussten innerhalb eines vorgegebenen zeitlichen Rahmens riskante Einsätze gegen das Imperium geflogen und Transporter der Rebellen durch gefährliche Regionen eskortiert werden. Sie eigneten sich ideal dazu, um mit Freunden gemeinsam die Kontrollen des simulierten Schiffes zu besetzen. Wir teilten uns die Positionen an der Tastatur und am Joystick auf: Vermutlich unfreiwillig erinnerte die Spielerfahrung an jene Szene aus *A New Hope*, in der Leia und Chewbacca den Millennium Falcon steuern, während Han Solo und Luke Skywalker an den Kanonen die imperialen Tie-Fighter ins Visier nehmen.

Die *Star Wars*-Games spiegeln auf ganz eigene Weise die Entwicklung der Videospiele und deren kreatives Potential wider. Mit dem 1994 erschienenen *Tie Fighter* erfolgte ein raffinierter Wechsel auf die dunkle Seite, der im Film damals undenkbar gewesen wäre. Die Rebellen wurden von Darth Vaders Gehilfen als feige Terroristen beschimpft, die den zur allgemeinen Sicherheit dienenden Todesstern vernichtet haben. Gemeinsam mit imperialen Geheimagenten und Piloten spürten die Spieler den geflüchteten Rebellen nach.

Die in *Tie Fighter* spielerisch erzielte Ambivalenz bildete das Resultat der aufgefächerten Erzählungen im sogenannten *Expanded Universe.* Nachdem Lucas vorerst keine weiteren Filme mehr drehen wollte, erschienen ab 1991 Romane wie die *Thrawn*-Trilogie des Schriftstellers Timothy Zahn, gefolgt von einer bis heute nicht abreißenden Welle an weiteren Romanen und Comics. Zahn gelang es, mit dem blauhäutigen Schurken Grand Admiral Thrawn einen der eindrucksvollsten Gegenspieler des *Star Wars*-Universums zu erschaffen, obwohl dieser nicht in den Filmen vorkommt. In den fünf Jahre nach *Return of the Jedi* angesiedelten Romanen versammelt Thrawn die Restbestände des besiegten Imperiums und startet einen weiteren Angriff gegen die Rebellen, die auf dem Stadtplaneten Coruscant mit dem Aufbau einer neuen galaktischen Republik begonnen haben. Im Unterschied zum launischen Gestus von Darth Vader und der Machtbesessenheit des Imperators interessiert sich Thrawn ausschließlich für Taktik, repräsentiert damit kalte, instrumentalisierte Vernunft. Bis heute zählt er zu den Favoriten im Fandom und bekam in der in den 2010er Jahren entstandenen Animationsserie *Rebels* sogar eine eigene Gastrolle. Ihm konnte man auch als Einsatzleiter in *Tie Fighter* begegnen. An seinem Beispiel lässt sich leicht zeigen, wie durch die transmediale Vernetzung der Comics, der Romane und der Videospiele die interessantesten Charaktere des *Expanded Universe* ein derartiges Eigenleben entwickeln, dass sie zum festen Bestandteil des *Star Wars*-Kosmos wurden.

Neben Admiral Thrawn gilt bis heute die ehemalige imperiale Agentin und Schmugglerin Mara Jade als schillerndste Figur des *Expanded Universe.* Bereits zwanzig Jahre vor den überfälligen Veränderungen in Sachen Genderpolitik in den aktuellen *Star Wars*-Filmen durch die Heldinnen Rey, Rose Tico und Jyn Erso repräsentierte sie neben Leia eines der prägnantesten Rollenmodelle für starke Frauenfiguren im *Star Wars*-Universum. Sie begann ihre Karriere als Agentin des Imperators, wechselte aber nach dem Ende des Imperiums auf die Seite der Neuen Republik. Anfangs plant Mara die Ermordung Luke Skywalkers, den sie für den Tod ihres Mentors Imperator Palpatine verantwortlich macht. Wie so häufig resultiert die Konstellation der Krieger, die sich selbst überlebt haben, jedoch in einer leicht verzögerten und etwas komplizierten Liebesgeschichte. In den 2000er Jahren wurde Mark Hamill auf einer Comic-Con darauf angesprochen, dass sich am Stand nebenan seine Frau befinde. Der Schauspieler reagierte leicht irritiert: Er konnte sich nicht erinnern, dass seine Familie mit ihm auf die Convention gereist wäre. Bereitwillig wurde er aufgeklärt: Als ihm die engagierten Fans erklärten, dass sich in ihrer unmittelbaren Nähe eine als Luke Skywalkers Partnerin Mara Jade verkleidete Cosplayerin befand, realisierte er zum ersten Mal, welches Eigenleben sein Alter Ego inzwischen jenseits der Leinwand führte.

Das *Expanded Universe* der frühen 1990er Jahre richtete sich an die älter gewordenen Fans der ersten Trilogie. Der Independent-Verlag Dark Horse veröffentlichte neue Comicreihen, die bis zu den stark in der Fantasy angesiedelten Anfängen der Jedi-Ritter und der Sith-Lords zurückgingen. Romane wie *Death Troopers* (2009) integrierten Elemente des neueren Horrorfilms. *Luke Skywalker and the Shadows of Mindor* (2008) wurde als bewusste Hommage an den einfachen Stil alter Pulp-Romane angelegt, und in einer aktuellen Comicreihe steht mit der Archäologin Doctor Aphra eine zwischen Imperium und Allianz changierende Abenteurerin im Mittelpunkt. Die neuen Ambivalenzen im *Expanded Universe* beförderten *Star Wars* in ein neues Jahrzehnt, ohne dass überhaupt ein neuer Film in Sicht war.

Videospiel-Ritter der Alten Republik

Den bisherigen Höhepunkt der *Star Wars*-Videospiele markiert das Rollenspiel *Knights of the Old Republic* des kanadischen Studios Bioware. Die Spieler können eine ganze Reihe von Planeten in selbst gewählter Reihenfolge aufsuchen, um die Spur des gefährlichen Sith-Lords Revan zu verfolgen. Unterwegs geraten sie an den entstellten Lord Malak, Revans machtgierigen Schüler, und an einen skrupellosen Kopfgeldjäger. *Knights of the Old Republic* greift zwar die Charakterskizzen und einige prägnante Standardsituationen der *Star Wars*-Filme auf, variiert sie jedoch derart geschickt, dass aus ihnen letztlich neue Geschichten entstehen. In einem raffinierten Schachzug hatten sich die Gamedesigner um den auch als *Star Wars*-Romanautoren aktiven Drew Karpyshyn dafür entschieden, die Handlung viertausend Jahre vor den existierenden Filmen anzusiedeln. Die Expeditionen in die von Biker-Gangs und werwolfartigen Ungeheuern beherrschte Unterwelt des Stadtplaneten Taris, die Intrigen in der Sith-Akademie auf Korriban und die an Science-Fiction-Horrorszenarien wie

Alien erinnernde Tauchfahrt zu einer überrannten Tiefseestation auf einem Wasserplaneten erscheinen dabei spannender und vielschichtiger als die meisten Ereignisse in den *Star Wars*-Prequels: Durch *Knights of the Old Republic* konnte man seinen eigenen *Star Wars*-Film erspielen. In den zeitgleich entstandenen Prequel-Filmen behielt hingegen George Lucas die Kontrolle: Im Nachhinein wünschte man sich, er hätte die *Star Wars*-Videospiele nicht nur produziert, sondern sie wenigstens einmal als Inspiration für die eigenen Drehbücher selbst gespielt. Zumindest *Knights of the Old Republic*, das voraussichtlich als Grundlage für eine neue, ab 2022 gedrehte Trilogie dienen wird, und das großartige *Lego Star Wars*, von dem später noch die Rede sein wird, da es im Unterschied zum animierten Froschwesen Jar Jar Binks auch wirklich lustig ist.

Digitale Dramen – Die Prequels (Filme I–III)

Die Annäherung zwischen Filmen und Videospielen sollte in den folgenden Jahren nicht nur auf der Ebene der cineludischen Formen von besonderer Bedeutung sein.

Auch die Produktion näherte sich während der Arbeit an den Prequels (1999–2005) und ausgehend von den linearen Dreharbeiten der analogen Filme zunehmend der Herstellung einer digitalen Videospielwelt an: Einzelne Einstellungen wurden über mehrere Monate hinweg immer wieder um neue Details erweitert. Bereits aufgenommene Darsteller konnten an eine andere Position versetzt werden. Wenn es während einer Außenaufnahme zu regnen begann, konnten mit Hilfe der digitalen Bildfilter und der Bearbeitungssoftware das Wetter und die Lichtverhältnisse korrigiert werden.

Diese neuen Möglichkeiten der digitalen Filmgestaltung resultierten in veränderten Arbeitsprozessen. Im Unterschied zur klassischen Filmproduktion werden bei der Produktion eines Spiels in verschiedenen Zyklen die Algorithmen und Animationen immer wieder überarbeitet und überprüft. Die Verwendung digitaler Hintergründe und Charakteranimationen in den Prequels funktionierte nun weitgehend nach dem gleichen Prinzip.

Durch die Optionen des digitalen Schnitts, den Lucasfilm seit den 1980er Jahren konsequent weiterentwickelt hatte, können im non-linearen Arbeitsprozess Aufnahmen also beliebig korrigiert und immer wieder neu aneinandergereiht werden – mit dem Ergebnis, dass die einzelnen Phasen der Produktion sich durch die Erweiterung der nachträglichen Bearbeitungsmöglichkeiten zunehmend vermischen. In der Konzeptionsphase werden bereits rudimentär animierte Sequenzen erstellt, analog dem Prototypen in einem Videospiel oder den Wireframe-Modellen in einem digitalen Animationsfilm. Während der Dreharbeiten lassen sich Animationen und reale Aufnahmen probeweise miteinander verbinden, bevor die ausgedehnte Postproduktion noch einmal die komplette Überarbeitung aller Sequenzen erlaubt.

Entgegen dem Mythos vom bereits seit den späten 1970er Jahren feststehenden Handlungsablauf der gesamten Saga stellte Lucas die Drehbücher zu den *Episoden I* bis *III* immer erst kurz vor Drehbeginn fertig. Die anfangs erdachten großen Sequenzen scheinen als Ankerpunkte für die Story weitaus wichtiger als die eigentliche Erzählung. Woran könnte das liegen? Lucas charakterisiert sich selbst im Audiokommentar zu *Revenge of the Sith* als visuellen Filmemacher. Es waren letztendlich auch einzelne Ideen und Bildeinfälle, die für ihn die Handlungslogik der Prequels ausmachen.

In *The Phantom Menace* (*Die dunkle Bedrohung*, 1999) steht das an das berühmte Wagenrennen aus *Ben Hur* (1959) angelehnte Podrennen im Mittelpunkt. Der als Sklavenjunge auf Tatooine lebende Anakin Skywalker gewinnt seine Freiheit durch einen Sieg im futuristischen Seifenkistenrennen. Die auf Tatooine notgelandeten Jedi-Ritter Obi-Wan Kenobi (Ewan McGregor) und Qui-Gon Jinn (Liam Neeson) nehmen ihn mit in die galaktische Hauptstadtwelt Coruscant, damit er im dortigen Tempel seine Ausbildung zum Jedi-Ritter absolvieren kann. Gemeinsam befreien sie den friedlichen Planeten Naboo, dessen Königin Padmé Amidala (Natalie Portman) die Jedi um Hilfe wegen der intriganten Handelsföderation bat.

Der zweite Film des Prequel-Trios, *Attack of the Clones* (*Angriff der Klonkrieger*, 2002) schildert den Beginn der Liebesgeschichte zwischen Padmé und dem inzwischen erwachsen gewordenen Anakin (Hayden Christensen). Trotz seiner außergewöhnlichen Stärke in der kosmischen Macht fühlt sich Anakin von den Jedi-Rittern, insbesondere von seinem Freund und Mentor Obi-Wan, bevormundet. Die Sorgen um seine auf Tatooine zurückgelassene Mutter (Pernilla August), deren Tod er nicht verhindern kann, befördern seine ersten Schritte auf die dunkle Seite. Den Höhepunkt des Films bildet eine ausgedehnte Schlacht zwischen den Jedi-Rittern und den Streitkräften der Handelsföderation. Der Film wurde als eine der ersten Produktionen in der Filmgeschichte komplett mit digitalen Kameras gedreht. Der abschließende Kampf in der Arena des Planeten Geonosis erscheint exemplarisch für den Einsatz der virtuellen Kamera. Der Großteil der agierenden Protagonisten im Showdown stammt aus dem Rechner. Selbst der sonst als Muppet-Puppe aufgenommene Yoda, der sich ein spektakuläres Laserschwert-Duell mit dem Verräter Count Dooku liefert, wurde durch eine digital animierte Figur ersetzt und konnte nur so im Laserschwert-Kampf eine aberwitzige, ping-pong-artige Geschwindigkeit entwickeln.

Der dritte Teil, *Revenge of the Sith* (*Die Rache der Sith*, 2005) erzählt etwas übereilt den über zwei Filme hinausgezögerten Wechsel Anakins auf die dunkle Seite der Macht. Dass

Lucas das Drehbuch nicht allzu genau geplant hat, zeigt sich an der Vielzahl der unterschiedlichen, sich gegenseitig im Weg stehenden Begründungen für Anakins Wandel:

- In Anlehnung an den klassischen Teufelspakt in *Faust* giert Anakin nach Erkenntnissen, die ihm die Jedi verweigern.
- Zugleich wird er wie ein Großteil des galaktischen Senats zum Opfer eines perfiden Täuschungsmanövers. Er fällt auf die Lügen des getarnten dunklen Lords Darth Sidious alias Kanzler Palpatine herein und geht davon aus, die Jedi-Ritter hätten aus reiner Machtgier versucht, dessen Regierung zu stürzen.
- Außerdem versucht Anakin nach einer beklemmenden Vision vom Tod seiner Partnerin Padmé in einer Variation des *Freischütz*-Motivs die Hochschwangere durch einen Pakt mit Palpatine zu retten. Er will sie nicht wie einige Jahre zuvor seine Mutter verlieren. Doch damit besiegelt er erst recht ihr Schicksal.
- Parallel zu Padmés Tod nach der Geburt der Zwillinge Luke und Leia wird Anakin in einem an *Frankenstein* erinnernden Labor in Darth Vader verwandelt. Durch die schweren Verletzungen, die Anakin im Kampf gegen seinen einstigen Freund und Gefährten Obi-Wan auf dem Lavaplaneten Mustafar erlitten hat, bleibt er sein Leben lang an die schwere schwarze Rüstung und die ikonische Atemmaske gebunden. Die Serie *Obi-Wan* (2022) knüpft an dieses Motiv an und präsentiert Vader als unheimliche Cyborg-Gestalt. Beim ersten Wiedersehen mit seinem ehemaligen Freund und Lehrer Obi-Wan wird Vader mit den filmischen Mitteln des Horrorfilms eingeführt.

Die abschließenden Szenen des Kampfes zwischen Obi-Wan und Anakin wurden bereits in den Hintergrundberichten zur ersten Trilogie erwähnt. In der Romanfassung zu *A New Hope* wurde eingangs auf einer Seite die Machtergreifung des Kanzlers Palpatine, der sich selbst zum galaktischen Imperator erklärt hat, geschildert. Neben den einzelnen ikonischen Momenten wie dem Kampf über der Lavagrube waren es insbesondere diese Ereignisse und die Anspielungen auf die mysteriösen Klonkriege, die mein Interesse an den Prequels beförderten. Als George Lucas im Zug der TV-Serie *Young Indiana Jones* zu Beginn der 1990er Jahre erklärte, er würde nun doch noch die *Star Wars*-Prequels realisieren, waren die Begeisterungsstürme unter den Fans groß. Durch die Wiederaufführung 1997 waren die ersten drei Filme von einer Einschätzung irgendwo zwischen nostalgischem *Guilty Pleasure* (so schlecht, dass es schon wieder gut ist) und Technik-Spektakel zu Klassikern des (post-)modernen Science-Fiction-Kinos avanciert.

Doch kurz nach der Premiere von *The Phantom Menace* im Frühjahr 1999 hatte sich die Situation abrupt geändert. Die ersten drei Filme waren aus dem Schneider, sie wurden angesichts der Prequels alle drei relativ schnell als eine Einheit wahrgenommen und gegenüber den Exzessen des digitalen Kinos nicht mehr als Grabgesang des New Hollywood, sondern als liebevoll gestaltete, individuell geprägte Phantastik im Grenzgebiet zur Filmkunst wahrgenommen.

Was war geschehen, dass sich das Blatt derart hatte wenden können? Weniger die überstrapazierten Vorwürfe einiger nostalgischer Fans gegen George Lucas, wie er nur die vermeintlich schönen Kindheitserinnerungen zerstören konnte, können hier als Erklärung dienen. Interessanter ist die Frage, an welchem Punkt die hohen Erwartungshaltungen zerbrachen. Könnte nicht die Ablehnung gegenüber den Prequels mit einem filmischen Paradigmenwechsel zu tun haben, der sich nicht alleine auf die animierten Albernheiten des verhassten Froschwesens Jar Jar Binks beschränken ließ?

Ende 1998 wurden die ersten Trailer zu *Episode I – The Phantom Menace* derart begeistert aufgenommen, dass einige Zuschauer in den US-amerikanischen Kinos Eintritt für Filme zahlten, die sie gar nicht sehen wollten. Ihnen ging es einzig und allein um eine weitere Sichtung des knapp drei Minuten langen Werbe-Trailers vor dem eigentlichen, für sie jedoch gänzlich uninteressanten Hauptfilm: Schattenartige Krieger bahnen sich den Weg durch eine nebelverhangene Sumpflandschaft. Eine Einblendung stimmt auf den Film ein: »Every generation has a legend ...«. Die Kamera schwenkt über die Weiten des Wüstenplaneten Tatooine. »Every journey has a first step ...« – über Art-Nouveau-Bauten des Planeten Naboo bis zur jungen Herrscherin, deren rote Roben an die Kostüme aus einem japanischen Historiendrama erinnern und die nachdenklich aus dem Fenster ihres Palastes blickt. »Every saga has a beginning ...«. Die allseits bekannte Fanfare von John Williams setzt ein. In einer kurzen Vorschau kommender Attraktionen werden das Podrennen, eine Tauchfahrt durch die Unterwasserwelt von Naboo, Obi-Wan im Kampf gegen die Droiden der Handelsföderation und der Alltag auf den Straßen der Wüstensiedlung Mos Espa gezeigt. Im Voice-Over fragt der von Samuel L. Jackson gespielte Jedi-Meister Mace Windu, ob sich Liam Neeson als weiser Jedi-Ritter Qui-Gon Jinn auf die Prophezeiung bezieht, nach der ein Auserwählter die Macht wieder ins Gleichgewicht bringen wird. Yoda warnt vor dem schnellen und leichten Weg zur dunklen Seite, der sich aus den Stationen von Furcht über Ärger bis zu Hass, der in dunklen Taten endet, ergibt. Um den diabolischen Charakter der Sith noch einmal zu unterstreichen, lässt der mit seinen Teufelshörnern eindrucksvoll in Pose gesetzte Darth Maul (Ray Park) die leuchtend rote Doppelklinge seines Langstock-Laserschwerts aufblitzen.

Betrachtete man den gefeierten Trailer jedoch genauer, ließen sich in einigen Einstellungen bereits die später viel gescholtenen Slapstick-Nummern des komplett digital animierten Jar Jar Binks mit seinen Schlappohren und Ungeschicklichkeiten à la Disneys Goofy erkennen. Dessen hyperaktive Tollpatschigkeiten verdarben vielen Fans den Spaß, als der Film im Frühjahr 1999 schließlich in die Kinos kam. Lediglich der alteingesessene Kritiker Roger Ebert feierte den visuellen Einfallsreichtum des Films. Ansonsten echauffierten sich die meisten Rezensenten über die umständlich erzählte Handlung, die schwerfälligen Schauspieler und den pubertären Humor. In der Tat klang dies nicht gerade nach dem tragischen Drama, das die meisten von uns erwartet hatten.

Zum digitalen Film bemerkte der russisch-amerikanische Medienwissenschaftler Lev Manovich allgemein, dass er die Rückkehr der lange Zeit marginalisierten Animation in die Bildsprache des Kinos markiere. Statt sich weiterhin wie eine Fotografie auf etwas hinweisend bzw. indexikalisch auf die wirklichkeitsgetreue Abbildung realer Orte und Personen zu beziehen, nähert sich der digitale Film zunehmend der Malerei an. Lucas selbst betonte, dass er sich immer mehr auf die Möglichkeiten der Malerei zurückbesinne.

Die Enttäuschung über die lang erwartete *Episode I* war groß. Dass Lucas sich in der Gestaltung von Jar Jar Binks und Co. weitgehend an der Logik und am Zeichenstil von gerade nicht auf realistische Darstellung verpflichteten Cartoons orientiert, befördert die digital animierten Charaktere auch auf eine abstraktere Ebene, die der Logik von Zeichentrickfiguren verpflichtet ist. Aus einer filmhistorischen Perspektive erscheint interessant, dass Jar Jar durch das überdeutliche Ausstellen seiner Künstlichkeit genau das entgegengesetzte Prinzip zu dem kurz darauf von Andy Serkis verkörperten Gollum in Peter Jacksons Verfilmung von J.R.R. Tolkiens *Lord of the Rings* (*Herr der Ringe*) ausmacht: Serkis brachte es fertig, einer nach Abfilmen seiner Körperbewegungen dann erst im Rechner fertiggestalteten Figur derartige Glaubwürdigkeit zu verleihen, dass das Ergebnis bis heute beeindruckt (die Weigerung der Oscar-Jury, ihn für seine Leistung auch nur zu nominieren, lässt umgekehrt die Schwierigkeiten mit der überkünstelten Figur Jar Jar Binks noch deutlicher hervortreten). Der Filmwissenschaftler und Visual-Effects-Experte Dan North hat in einer sehr genau beobachteten Analyse der ablehnenden Reaktionen auf Jar Jar darauf hingewiesen, dass der Gungan sich durch seinen Cartoon-Charakter vom restlichen Ensemble abhebt. Er sei das prägnanteste Beispiel für ein Spielzeug, das die Handlung des Films formt und nicht umgekehrt erst von dieser hervorgebracht wird.

Aus der heutigen Distanz betrachtet, würde sich *The Phantom Menace* ganz gut als Spin-Off im von Disney neu eingerichteten *A Star Wars Story*-Format über die Abenteuer des jungen Anakin Skywalker eignen. Als Auftakt für die dramatische Handlung um Freundschaft, Verrat, politische Intrigen und enttäuschte Liebe, die die Prequels versprachen, erscheint er hingegen in der Entwicklung der Handlung zu bräsig und in den Actionszenen wiederum zu überdreht.

Eine weitere nicht nachvollziehbare Entscheidung – neben

den Ausflügen in den überdrehten Slapstick der frühen Hollywood-Cartoons – bilden die von den späteren *Star Wars*-Filmen glücklicherweise weitgehend ignorierten Midi-Chlorianer: Wie in einem Rollenspiel ließ sich der Talentwert zum Gebrauch der Macht plötzlich mit der einfachen Auswertung des Blutes eines Anwärters messen: nicht zu fassen! Die aufgesetzte Annäherung an die naturwissenschaftliche Science-Fiction steht im Widerspruch zu jener einprägsamen Einführung in Zen-buddhistische Philosophie, die Yoda in *The Empire Strikes Back* gegeben hatte.

Neben den umstrittenen inhaltlichen Entscheidungen waren viele Zuschauer außerdem von den zahlreichen Merchandising-Exzessen genervt. In den 1990er Jahren gaben die neu aufgelegten, in spezialisierten Comicläden vertriebenen *Star Wars*-Figuren ein schwaches Lebenszeichen des aus der Mode gekommenen Franchise. Zum Start von *The Phantom Menace* waren hingegen Amidala, Anakin, Darth Maul, Obi-Wan, Jar Jar und Qui-Gon auf Soft-Drink-Dosen, als Figuren an der Supermarktkasse und als Werbeträger für Fast-Food-Ketten omnipräsent. Der Spielzeughersteller Hasbro blieb jedoch ebenso wie andere Lizenznehmer auf dem Großteil der Figuren sitzen. Für die folgenden *Episoden II* und *III* wurde das Merchandising deshalb bewusst zurückgefahren. Lucas wollte sich nun auf die Geschichte konzentrieren.

Einige gegenüber Lucas positiver eingestellte Kritiker sinnierten angesichts der Prequels darüber, ob nicht auch die erzählerischen Versprechungen zu hoch gegriffen waren. In *Attack of the Clones* konkretisieren sich die politischen Hintergründe der imperialen Machtergreifung. Kanzler Palpatine zettelt zugleich als Darth Sidious jene Kriege an, die er im galaktischen Senat zu bekämpfen vorgibt. Als ursprüngliches

Vorbild diente Lucas nach eigenen Angaben der korrupte Präsident Richard Nixon, der Anfang der 1970er Jahre im Zug der Watergate-Affäre hatte zurücktreten müssen, nachdem er offensichtlich über einen Einbruch in das Hauptquartier der politischen Gegenkandidaten informiert gewesen war.

Die *Star Wars*-Prequels, also die zweite Trilogie der Filme, aktualisieren die Politallegorie für die Ära des *War on Terror* und des zweiten Irak-Krieges unter George W. Bush. Allerdings passt es ganz zu Lucas' Gespür für transmediale Storywelten, dass die Konstruktion des Komplotts alleine aus den Filmen heraus kaum verständlich wurde.

Die für Palpatines Machtergreifung entscheidenden Konflikte zwischen Republik und Separatisten, die er als Darth Sidious und als Politiker des Senats auf beiden Seiten ausnutzt, werden nämlich lediglich angedeutet. Die 1977 in einem kurzen Nebensatz von Obi-Wan Kenobi angesprochenen Klonkriege beginnen in den letzten Einstellungen von *Episode II* und finden ihr Ende zu Beginn von *Episode III*. Wo soll man Informationen finden? Alle wesentlichen Ereignisse, die auch die Bezüge der Prequels zum Genre des Polit-Thrillers verdeutlichen würden, werden in der nach Startschwierigkeiten nun empfehlenswerten Animationsserie *The Clone Wars* (2008–19) geliefert. In *Attack of the Clones* beginnt Lucas einen vielversprechenden Handlungsstrang um Obi-Wan als Ermittler, der sich wie in einem Thriller auf die Spur eines Attentäters begibt. Die Recherchen bringen die rätselhaften Aktivitäten eines vor Jahren verschwundenen Jedi-Ritters zutage, der auf einem entlegenen Wasserplaneten den Bau einer Klonarmee in Auftrag gegeben hatte. Als weiterer wichtiger Faktor im Ränkespiel der Intriganten erweist sich der abtrünnige Count Dooku, der von Dracula-Darsteller Christopher Lee gespielt wird, neben Peter

Cushing aus *A New Hope* der zweite große Star der legendären Horrorfilme aus den britischen Hammer-Studios. Leider versäumt es Lucas jedoch, die genauere Motivation des einst mit Yoda und dem als Außenseiter geltenden Qui-Gon Jinn assoziierten, zur dunklen Seite gewechselten Jedi-Meisters zu vertiefen. Ebenso wie die Erklärung seiner manipulativen Eingriffe wurden auch seine Beweggründe und Ansichten in die Romane und die Animationsserie ausgelagert.

Dramaturgisch kollidieren in *Attack of the Clones* zwei einander widersprechende erzählerische Modelle. Die paranoiden Verschwörungen eines Polit-Thrillers als Hommage an das New Hollywood benötigten einen sorgfältigeren Handlungsaufbau. Das im Titel angedeutete Pulp-Vergnügen der leicht erschließbaren Cliffhanger-Momente tendiert hingegen zum Spaß an der reinen Oberflächlichkeit und am süffisanten Pathos der theatralischen Posen.

Für die parallel zu Obi-Wans Ermittlungen erzählte Liebesgeschichte zwischen Anakin und Padmé ist der Pulp-Ansatz hingegen noch fataler als die wenig überzeugende Chemie zwischen Natalie Portman und Hayden Christensen. Wenn bei ihrer ersten vorsichtigen Annäherung auf Naboo die schmachtenden Geigen abrupt abbrechen, erinnert die Situation stärker als ihr lieb sein könnte an eine Parodie wie *Spaceballs* (1987).

Während Lucas also als visionärer Architekt fiktionaler Welten und ambitionierter Effekt-Arrangements in den Prequels nach wie vor zu überzeugen versteht, kann er sich in der Ausarbeitung der Dialoge nie so richtig zwischen einer überzeichneten Hommage an die Theatralik der Space Opera und einem ernst gemeinten Charakterdrama entscheiden.

Dass ich bei allen Verfehlungen der dramaturgischen Konstruktion von *Attack of the Clones* dennoch eine gewisse Sympathie für die grandios vergeigten Momente der Inszenierung hege, ergibt sich daraus, dass Lucas die Beziehung zwischen Padmé und Anakin tatsächlich ohne jegliche ironisch relativierende Haltung erzählen will – und dabei jegliche Emotionalität verfehlt: Die großen Paukenschläge des Schicksals übertönen jede dringend erforderliche Nuance. Der Film zeigt echte »Camp«-Qualitäten. Unter den Begriff »Camp« fasste die Kulturkritikerin Susan Sontag das ausgesprochen engagierte, aber dennoch verfehlte Bemühen um dramatische Ernsthaftigkeit. Das Bemühen von Lucas, *Star Wars* eine tragische Dimension zu verleihen und vielleicht sogar an die Antihelden des New Hollywood anzuschließen, lässt sich zwar deutlich erkennen, doch leider scheitert er an der Umsetzung. Ganz im Gegensatz zur produktiven Teamarbeit zwischen Irvin Kershner, Carrie Fisher und Harrison Ford in *The Empire Strikes Back* oder auch der unentschlossenen, vorzeitig abgebrochenen Romanze zwischen Daisy Ridleys Rey und John Boyegas Finn in der dritten Trilogie scheitert Lucas immer wieder daran, auch nur einen Funken Leidenschaft auf die Leinwand zu bringen. Eine erfahrene und talentierte Schauspielerin wie Natalie Portman muss in *Attack of the Clones* chancenlos bleiben.

Lucas folgt lieber einer Logik der Bilder, die letztendlich in der Gesamtbetrachtung der Filme wichtiger als der Aufbau der Narration erscheint. Für die Prequels war als gemeinsamer Zielpunkt aller Filme der Kampf zwischen Obi-Wan und Anakin vor einer von Lava überzogenen Höllenlandschaft vorgegeben. Die Entwürfe des Vulkanplaneten gehen auf Illustrationen zurück, die Ralph McQuarrie bereits 1978 für *The Empire Strikes Back* angefertigt hatte. Auf eindrucksvolle Weise

Die seltsamsten *Star Wars*-Imitate

***Uchu kara no messeji* (*Sternenkrieg im Weltall*, 1978):** Nicht unbedingt die originellste, aber zumindest eine der ersten *Star Wars*-Imitationen.

***Scontri stellari oltre la terza dimensione* (*Star Crash – Sterne im Duell*, 1978):** Italienisches *Star Wars*-Plagiat mit kurioser Besetzung, darunter der junge David Hasselhoff.

***Battlestar Galactica* (*Kampfstern Galactica*, 1978–80):** Trashige Science-Fiction-TV-Serie, in der sich die letzten Überlebenden der Menschheit aus einer fernen Galaxis auf die Suche nach der Erde begeben. Unterwegs müssen sie sich gegen die hinterhältigen Schwippschwager Darth Vaders, auch bekannt als Zylonen, zur Wehr setzen.

***The Black Hole* (*Das schwarze Loch*, 1979):** Am Rande des Universums trifft eine Crew auf einen seit Jahren verschollenen Wissenschaftler. Der ebenso geniale wie wahnsinnige Hans Reinhardt (Maximilian Schell) beabsichtigt mit einem Schiff voller Robotersoldaten und mönchsartiger Cyborgs, die ein dunkles Geheimnis verbergen, durch ein Schwarzes Loch zu fliegen.

***Battle Beyond the Stars* (*Sador – Herrscher im Weltraum*, 1980):** Nachdem *A New Hope* Akira Kurosawas *Kakushi-toride no san-akunin* in eine weit entfernte Galaxis verlegt hatte, orientierte sich der von B-Film-Legende Roger Corman produzierte *Star Wars*-Verschnitt *Battle Beyond the Stars* kurzerhand an *Shichinin no Samurai* (*Die sieben Samurai*, 1957).

***Dünyanyı Kurtaran Adam* (*Murat – Ein Kung-Fu-Türke rettet die Welt*, 1982):** Witziger als Mel Brooks' *Spaceballs* (1987), trashiger als *Star Crash* und epischer als *Battle Beyond the Stars*. Der türkische Star Cüneyt Arkın, Held der mittelalterlichen Action-Spektakel der *Kara Murat*-Reihe und anderer Höhepunkte des türkischen Kinos der 1970er und 1980er Jahre schuf mit diesem Film seine ganz eigene Variante der *Appropriation Art*, also der Aneignung eines fremden Werkes. Kurzerhand kombinierte er Szenen aus *A New Hope* mit selbst gedrehten Kämpfen in der anatolischen Steppe. Der türkische Titel ließe sich mit ›Der Mann, der die Welt rettete‹ übersetzen. Stattdessen wurde der Trash-Faktor beim deutschen Namen besonders hervorgehoben.

***Caravan of Courage – An Ewok Adventure* (*Ewoks – Die Karawane der Tapferen*, 1984):** Die international auch als Kinofilm ausgewertete TV-Produktion zählt zwar hochoffiziell zum *Star Wars*-Kanon, wirkte aber schon Mitte der 1980er Jahre seltsam.

***Ice Pirates* (*Krieg der Eispiraten*, 1984):** Schrille selbstironische *Star Wars*-Variation, in der sich Raumpiraten und ein despotisches Regime einen nicht sonderlich ernst gemeinten Kampf um die letzten Wasservorräte liefern.

kombiniert Lucas innere und äußere Montage im abschließenden Übergang zwischen *Revenge of the Sith* und *A New Hope*. Mit Hilfe der digitalen Hintergründe integriert er Entwürfe aus den späten 1970er Jahren und versetzt sie in Bewegung. Unter Verzicht auf jeglichen Dialog realisieren die Schauspieler in ihren ikonographischen Posen den fließenden Übergang zur inhaltlich anschließenden, ersten Trilogie bzw. den Filmen 4–6. Senator Bail Organa (Jimmy Smits) bringt Leia nach Padmés Tod mit seinem aus der Eröffnungssequenz des ersten *Star Wars*-Films von 1977 bereits bekannten Raumschiff nach Alderaan. Obi-Wan sucht im Sonnenuntergang auf Tatooine die Farm der Familie Lars auf und übergibt Luke an dessen Verwandte. Die Weiten der tunesischen Landschaft werden effektvoll mit den digital erzeugten Hintergründen und Kreaturen kombiniert, ohne dass – wie in der *Special Edition* – gleich eine ganze Herde Saurier aus dem *Jurassic Park* durch das Bild stolpern muss. Die Musik von John Williams, die dezent in den Soundtrack der früheren Filme überleitet, unterstützt die Montage auf der akustischen Ebene.

Es wird allzu leicht übersehen, dass Lucas in den Prequels die Mittel des digitalen Kinos auf ästhetisch besonders einfallsreiche Weise zu nutzen versteht. Der Filmkritiker Richard Brody bezeichnete die kühnen Experimente und den Einfallsreichtum in der Bildsprache von George Lucas' Inszenierung sehr treffend als ›erhabenen Pulp‹, als »pulp sublime«. Brodys 2016 erschienener Aufsatz über eine vollständige Sichtung der *Star Wars*-Saga vertritt die ebenso provokante wie ungewöhnliche These, dass Lucas' Inszenierung nach wie vor der experimentellen Avantgarde zuzurechnen sei, nur stehe er sich mit seinen erzählerischen Ambitionen selbst im Weg. Ausgerechnet den kontrovers aufgenommenen und unter zahlreichen

Fans verhassten Prequels *Attack of the Clones* und *Revenge of the Sith* attestiert Brody eine präzise, dynamische und ausgesprochen einfallsreiche Inszenierung in den Actionsequenzen.

Am Ende der Dokumentation *Empire of Dreams*, die sich 2004 der Entstehung der ersten drei Filme widmet, erklärt Lucas, dass er die gemeinsam mit den anderen Rebellen unter den Regisseuren der 1970er Jahre angestrebte Unabhängigkeit von Hollywood zwar erreicht habe – der Preis für diesen Status sei jedoch das Arrangement mit genau jenem System gewesen, das sie ursprünglich überwinden hatten wollen. Die Parallelen zum Aufstieg und Fall von Anakin Skywalker bzw. Darth Vader erscheinen naheliegend: Richard Brody interpretiert den Teufelspakt mit Darth Sidious als Sinnbild für den Preis, den Lucas für die digitale Realisierbarkeit seiner künstlerischen Wunschvorstellungen bezahlen musste.

Star Wars-Generationen und die Sequels (Filme VII–IX)

Eine der wenigen positiven Neuerungen im Zug der überstrapazierten Merchandising-Offensive um *The Phantom Menace*, dem ersten Film der Prequels, war 1999 der Beginn einer eigenen *Star Wars*-Variante im Sortiment der Kult-Bausätze der dänischen Firma Lego. Während wir in den 1980er Jahren noch mit Hilfe des Lego-Universalbaukastens den im *Star Wars*-Sortiment fehlenden Todesstern mehr oder weniger gelungen selbst konstruierten, gibt es mittlerweile im bis heute immer weiter ausdifferenzierten Lego-Sortiment neben dem Sternenzerstörer und dem Millennium Falcon auch die aus hunderten Kleinteilen bestehende Raumstation des Imperiums. Ich nehme lieber mit dem großartigen *Lego Star Wars*-Videospiel vorlieb, in dem sich mit den Figuren, die im Lauf des Spiels gesammelt werden, die Schauplätze der ersten sechs Filme erkunden lassen. Ganz wie beim echten Spielzeug lassen sich mit Hilfe eines Editors eigene Figuren zusammenbauen: Für extra zu sammelnde Münzen kann man weitere Raumschiffe und Extras am Tresen der Mos-Eisley-Cantina erwerben.

Ein Detail blieb mir jedoch sowohl beim Todesstern-Set als auch in einem der amüsantesten Momente des *Lego Star Wars*-

Spiels besonders im Gedächtnis: Der finstere Sith-Lord Darth Vader lag dem Todesstern bei – als niedliche Lego-Figur. Spätestens mit seinem grandiosen Auftritt im *Lego Star Wars*-Spiel hatte er jegliche Bedrohlichkeit eingebüßt. Im Spiel kann man sich verschiedene Schlüsselszenen der Vorlage als animierte kleine Lego-Filme ohne Dialoge zu Gemüte führen. Im entscheidenden Moment, als er sich beim Duell in der Wolkenstadt Luke Skywalker als dessen Vater zu erkennen gibt, zieht er ein Polaroid-Foto mit dem jungen Anakin an der Seite der schwangeren Padmé aus dem Umhang und deutet stolz auf das Familienportrait. Die Schlüsselszene, die mich bereits als Aushangfoto als Kind fasziniert hatte, nahm in dieser Variante eine neue Qualität an, die mir in Hinblick auf die Generationswechsel in der Begegnung mit den *Star Wars*-Filmen bezeichnend zu sein scheint.

Im Unterschied zu meinem ersten Kontakt mit Darth Vader im Kino in den frühen 1980er Jahren hatte er für die späteren Generationen seine Aura des Unheimlichen anscheinend völlig verloren. Für uns war auf dem Pausenhof noch die zentrale Frage, ob sich hinter der bedrohlichen Maske tatsächlich der totgeglaubte Vater von Luke Skywalker verbarg. In den damaligen Marvel-Comics tauchte Vader nur sehr sporadisch und immer nur als dominante Figur im Hintergrund auf. In den 2000er Jahren sah es hingegen schon ganz anders aus: Vader spielte in einem Werbespot für den Sender Spike TV Golf. In der ukrainischen Stadt Odessa trat der Kandidat einer subversiven Spaßpartei bei der Bürgermeisterwahl als Darth Vader an. In der brillanten Webserie *Chad Vader* arbeitet der dunkle Lord in einem Supermarkt. Mit einem bunten Schal um den Hals radelt er umweltbewusst durch den Tiefschnee zur Arbeit und singt dazu sein markantes musikalisches Thema.

Kein Wunder, dass Darth Vader bei den Kindern meiner

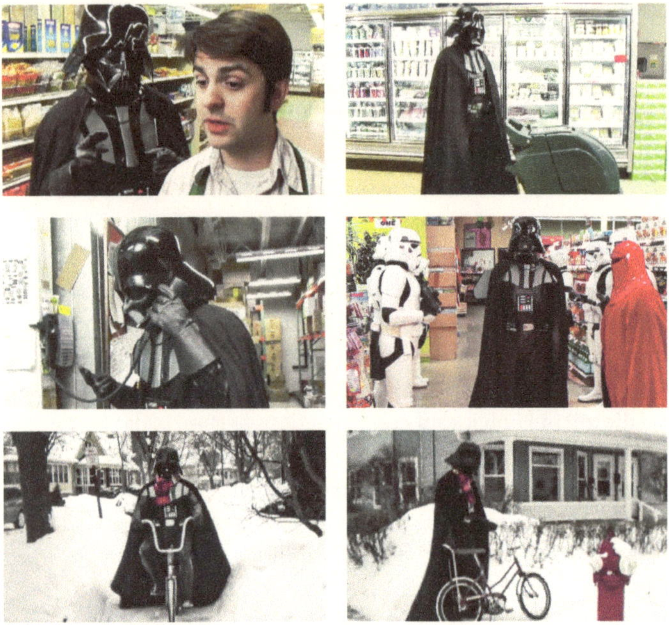

Selbst die dunkle Seite zeigt sich inzwischen umweltbewusst. In der Parodie *Chad Vader* arbeitet der Sith-Lord in einem Supermarkt, zu dem er auch gerne radelt.

Kollegen mittlerweile sogar einer der Favoriten unter ihren Plüschtieren ist. Dass ein Kollege, der mit *Star Wars* auch nach so vielen Jahrzehnten nichts anzufangen weiß, für seine Tochter jede Menge Spielzeugläden durchstreifte, bis er den richtigen Plüsch-Vader gefunden hat, bezeugt sowohl sein unermüdliches elterliches Engagement als auch den exzeptionellen Status, den der ehemalige Dunkle Lord in der Popkultur eingenommen hat. Durch die in den Comics und Videospielen dargestellten, stets vergeblichen Versuche Vaders, seinen Arbeitgeber, den Imperator, zu stürzen, entfaltet er die Tragikomik von Kater Tom, der immer wieder in die gleichen Fallen der gewitzten Jerry-Maus tappt.

Die Veränderung in der Wahrnehmung der Figur verdeutlicht, dass es sich bei *Star Wars* nicht um ein in sich fest abgeschlossenes Epos handelt. Die ersten beiden Trilogien können zwar in sich als stringente Geschichte wahrgenommen werden: Sie funktionieren auf anderer Ebene jedoch genauso als Pop-Mythos, der immer wieder aktualisiert und neu ausgelegt werden kann. Erfreulicherweise knüpfen die seit 2015 entstandenen Filme genau an diese Eigendynamik an.

Schreckgespenst Disney

Im Herbst 2012 ging George Lucas in den verdienten Ruhestand und verkaufte sein gesamtes Unternehmen, einschließlich aller Rechte an den Filmen und Figuren, an Disney. Es kann einem schon ein mulmiges Gefühl bereiten, dass mit dem Anfang 2019 vollzogenen Verkauf des renommierten Hollywood-Studios 20th Century Fox an Disney mittlerweile nicht nur Darth Vader, sondern auch das noch unheimlichere *Alien* aus der gleichnamigen, 1979 begonnenen Filmreihe zum Magic Kingdom um Mickey Mouse gehören. Man stelle sich eine Parade durch Disneyland vor, in der Darth Vader und das Alien Seite an Seite mit Mickey und Donald fröhlich von einem der dekorierten Prunkwagen herab den Fans zuwinken müssen. Aber dieser Kelch ging zum Glück bis jetzt an uns vorüber.

Anstelle eines puristisch gedachten ursprünglichen *Star Wars*, wie es einige nostalgische Fans energisch verteidigen, bildet jede Generation jedoch eine eigene Variante des Mythen-Patchworks. Die verschiedenen Auslegungen ergänzen sich erst durch die unterschiedlichen Vorstellungen und Praktiken zum kulturellen Phänomen und halten es genau dadurch am Leben. *Star Wars* öffnet weiterhin ein Fenster zu einer immer wieder neu zu konfigurierenden, imaginären Welt und ein Portal zur Filmgeschichte, das zurück in die Anfänge von *Flash Gordon*, zu John Fords Western und zu Akira Kurosawas Samurai-Epen führen kann. In den weniger erfreulichen Fällen wird die Gentrifizierung durch das Disney-Imperium vorangetrieben; Lego zielt etwa vor allem auf gutverdienende Männer in halbwegs fortgeschrittenem Alter, keineswegs nur auf Kinder. In den bisher überwiegenden positiven Varianten resultiert diese Offenheit jedoch auch in einer Vielseitigkeit, in der die Kulturindustrie ihr eigenes Gegengift hervorbringen kann. Überraschenderweise treten genau diese überfälligen politischen Korrekturen jeweils mit den bisher überwiegend gelungenen neuen Filmen ein.

Im Fall von *Star Wars* erwies sich Disney weitaus aufgeschlossener als anfangs vermutet. Die wahnwitzige Idee, den für seine exzentrische Haltung berühmten Regisseur Werner Herzog in der *Star Wars*-TV-Serie *The Mandalorian* (seit 2019) als Schauspieler zu besetzen, könnte aus einem Fiebertraum Klaus Kinskis stammen. Dennoch wird man angesichts der ungebremsten Einkaufspolitik das ungute Gefühl nicht los, dass Disney eines Tages wie ein Schwarzes Loch nicht nur *Star Wars*, sondern ganz Hollywood verschlingen wird. Ganze Bibliotheken am Rande der kommerziellen Filmgeschichtsschreibung landen im Keller des Dornröschenschlosses. Gewagte filmische Weltentwürfe verwandeln sich in familienfreundliche Themen-Parks.

Die neue Produzentin Kathleen Kennedy, die zuvor bereits mit Steven Spielberg an *E. T.* und der Trilogie *Back to the Future* (*Zurück in die Zukunft*) zusammengearbeitet hatte, übernahm von Lucas die Koordination der neuen *Star Wars*-Filme. Im Unterschied zu den bisherigen Filmen achtete sie auf ein ausgewogeneres Geschlechterverhältnis. Mit Daisy Ridley als Rey und Felicity Jones als Jyn Erso übernahmen ausdifferenzierte Frauenfiguren die tragenden Rollen. Oder anders ausgedrückt: Die im *Expanded Universe* durch Charaktere wie Mara Jade eingeleiteten Akzentverschiebungen und Ambivalenzen hielten ab 2015 auch in die Filme Einzug.

Die Aufführung von *The Force Awakens* (*Das Erwachen der Macht*) im Dezember 2015 löste alles ein, was die Prequels versprochen und nicht gehalten hatten: In einer Schlüsselszene nach dem ersten Drittel des Films betreten Han Solo und Chewbacca nach 30 Jahren erstmals wieder den Millennium Falcon. Stellvertretend für das Publikum seufzt der in Würde gealterte Harrison Ford: »Chewie, we're home.«

Regisseur J. J. Abrams hatte sich zuvor bereits mit der Spielberg-Hommage *Super 8* (2011) und Serien wie *Lost* (2004–10) als Spezialist für intelligentes Genrekino einen Namen gemacht. Bei *Star Wars* war er definitiv besser aufgehoben als bei den beiden *Star Trek*-Filmen, die er verantwortet hatte. Im Unterschied zu orthodoxen Fans schätze ich sowohl *Star Wars* als auch *Star Trek*. Letzteres Universum stellt für mich das ideale metaphorische Versuchslabor für alle politischen und kulturellen Fragen der Science-Fiction dar – von der virtuellen Realität des Holodecks über die schwierige Bündnispolitik mit den Klingonen bis hin zur vulkanischen Philosophie der reinen Logik. *Star Wars* hingegen repräsentiert für mich die Magie des Kinos und den Einfallsreichtum der filmischen Effekte im

Breitbildformat. Zwar spielen emanzipatorische politische Ideen auch in der weit entfernten Galaxis eine wichtige Rolle, doch stehen sie im Vergleich zu *Star Trek* nicht im Mittelpunkt. Die Rebellion agiert als interplanetarische und multikulturelle Gruppe gegen ein totalitäres, von weißen Männern dominiertes Regime – und Punkt.

Entsprechend gestaltete sich für mich das neue Personal der dritten *Star Wars*-Trilogie auch nicht als bemühte Besetzungspolitik, sondern als längst überfällige, vor allem politische Korrektur. Anstelle von rückwärtsgewandter Nostalgie für eine bessere Zeit, die in dieser idealisierten Form ohnehin nie existiert hatte, vermischen *Episode VII – The Force Awakens* und *Episode VIII – The Last Jedi* (*Die letzten Jedi*, 2017) auf gekonnte Weise Aktualisierung und Hommage. Die neue Heldin Rey, die sich für die Rebellion begeistert, lebt auf dem Wüstenplaneten Jakku im Wrack eines umgestürzten AT-AT-Walkers. Abrams, der sich bestens auf die Weiterführung existierender Leinwand-Mythen versteht, findet einprägsame Bilder für den Generationswechsel: Bevor Rey gemeinsam mit dem desertierten Stormtrooper Finn (John Boyega) den Millennium Falcon kapert, haust sie buchstäblich in den Ruinen der alten Filme. Doch Abrams und das neue Ensemble geben sich im Unterschied zu anderen Sequels und Reboots nicht mit einer schlichten Neuauflage zufrieden. Die seit *Return of the Jedi* vergangenen 30 Jahre werden im Film selbst deutlich, da Harrison Ford, Carrie Fisher, Mark Hamill und Billy Dee Williams zusammen mit ihren Figuren gealtert sind.

Ähnlich wie *Star Wars* zum realen Pop-Mythos wurde, existieren die Geschichten um den Kampf zwischen Rebellen und Imperium im Kosmos der dritten Trilogie als eine Art mündlich überlieferte Geschichte aus Anekdoten und Episoden weiter. Wenn Han Solo, der unfreiwillig die Rolle des Mentors für Rey und Finn übernimmt, nachdenklich auf eine Sternenkarte blickt, erklärt er in Vertretung des untergetauchten Luke Skywalker, dass er die ganzen Erzählungen über die kosmische Macht, die alle Elemente des Universums verbindet, früher für ausgemachten mystischen Unsinn gehalten habe. Im Lauf der Jahre habe er jedoch feststellen müssen, dass sie tatsächlich wahr seien. In der atmosphärisch dichten Szene überkam mich das Gefühl, als hätte Harrison Ford, der nie allzu begeistert von seiner Rolle als Han Solo war, symbolisch seinen Frieden mit der neben Indiana Jones populärsten Figur seiner schauspielerischen Laufbahn gemacht. Harrison Ford setzte die als Han Solo erprobte Darstellungsweise unmittelbar in Denis Villeneuves Ausnahme-Sequel *Blade Runner 2049* (2017) fort, bevor er 2023 ein letztes Mal als Indiana Jones zu Hut und Peitsche griff.

Dieses Phänomen, dass Schauspieler ihr Alterswerk mit der Fortführung ihrer früheren Rolle kombinieren und dieser durch die real vergangene Zeit neue Nuancen abgewinnen, war in den letzten Jahren immer häufiger zu beobachten. Sylvester Stallone wurde als Nebendarsteller in Ryan Cooglers Boxerdrama *Creed* (2015) noch einmal für seine Darstellung eines sichtlich gealterten und geschwächten Rocky Balboa für einen Oscar nominiert, und Harrison Ford setzte die als Han Solo erprobte Darstellungsweise unmittelbar in Denis Villeneuves Ausnahme-Sequel *Blade Runner 2049* (2017) fort.

Rückbesinnungen

Geschickt werden in der dritten Trilogie immer wieder Reminiszenzen an die früheren Filme eingebaut, ohne dass sich die neuen Episoden in den Vergangenheitsbezügen verlieren würden. Die beschädigte Maske Darth Vaders wirkt in den Händen seines Enkels Kylo Ren wie ein gepflegtes Fanboy-Sammlerstück. Der Darsteller des Möchtegern-Vader, Adam Driver, ist ebenso wie sein Kollege John Boyega sonst weitgehend im Independent-Kino zu Hause. Er wurde unter anderem als dichtender Busfahrer in Jim Jarmuschs *Paterson* (2016) und als gewitzter Ermittler in Spike Lees *BlacKkKlansman* (2018) bekannt. Als zur dunklen Seite übergelaufener Sohn von Han und Leia verkörpert Driver nun eine hochgradig neurotische Form gekränkter Männlichkeit, die auf sehr pointierte Weise die Genderrollen der weit entfernten Galaxis aktualisiert und auf diese Weise neu verhandelt. Kylo Ren tritt mit einer selbst gebastelten Maske nach dem großen Vorbild seines Sith-Opas Darth Vader in Erscheinung. Doch nach der ersten Hälfte von *Episode VII* stellt sich heraus, dass er im Gegensatz zu Vader gar keine Maske nötig, sondern dass er sie sich lediglich für den theatralischen Effekt zur Selbstinszenierung zugelegt hat.

Daisy Ridley, die den Helden der alten Trilogie als leidenschaftliches Fangirl begegnet, vereint in sich alle Talente ihrer Vorgänger. Von Han Solo übernimmt sie das Geschick als Pilotin, von Luke die Rolle als Hoffnungsträgerin der Macht und von Leia die Souveränität als Entscheidungsträgerin. Die Heldenreise, die altvertraut auf der Einschienenbahn des Campbell'schen Monomythos vor sich hin rumpelt, lässt sich – wie Rey als bisher interessanteste Protagonistin der Reihe jenseits der Space-Opera-Archetypen belegt – jederzeit auch völlig unabhängig vom Geschlecht durchspielen.

Die Zusammenarbeit zwischen dem nach 30 Jahren noch einmal als Drehbuchautor zurückgekehrten Genrespezialisten Lawrence Kasdan und J. J. Abrams bringt jedoch einige erzählerische Nuancen hervor, die über den berechenbaren Plot der Heldenreise hinausgehen. Die Integration von Han, Leia, Luke und Lando eröffnet nämlich völlig neue Möglichkeiten jenseits des Campbell'schen Modells: Die Charaktere müssen nicht noch einmal das ganze Spektrum der Archetypen durchspielen, sondern dürfen in aller Ruhe altern – wie Stallone in den *Creed*-Filmen. Endlich konnte ich einmal erleben, wie eine der vergeigten Schmuggelaktionen von Han Solo wirklich abläuft. Während er noch mit den typischen Harrison-Ford-Gesten vergeblich versucht, sich aus der Situation herauszureden, überrennt bereits eine Wagenladung schleimiger Tentakel-Monster das Raumschiff. Leia amüsiert sich über seine unveränderte Kleidung, obwohl sich Han angeblich eine neue Jacke gekauft hat. Und Luke dient der gesamten Handlung als Aufhänger. Nach dem niederschmetternden Misserfolg in der Ausbildung seines Neffen hat er sich auf einen entlegenen Planeten zurückgezogen, der aussieht wie die irische Küste. Er tritt erst in den letzten Einstellungen des Films mit offenem Ausgang auf den hohen Klippen einer malerischen Insel in Erscheinung.

The Force Awakens zeichnet sich also durch das gekonnte Wechselspiel zwischen Wiederholung und Variation aus. Es werden ausreichend vertraute Kulissen, Charaktere und Raumschiffe geboten, um sich wieder zu Hause fühlen zu können. Doch gleichzeitig werden vielschichtige neue Protagonisten eingeführt und die Handlung nimmt einige überraschende Wendungen.

Das gilt auch für die Filmmusik: Der Soundtrack von John Williams übernimmt die überlegte Kombination von vertrauten und neuen Motiven. Die markanten Melodien aus den älteren Filmen werden kurz angespielt, um an den entscheiden-

Die wichtigsten technischen Verfahren der *Star Wars*-Filme

Stop-Motion-Animation: Aufnahmetechnik, durch die Puppen und andere Miniaturen per Einzelbildaufnahme im fertigen Film animiert werden. Das Verfahren wurde durch die bahnbrechenden Effekte von Willis O'Brien im ersten *King Kong* (1933) geprägt. *Star Wars*-Animationskünstler Phil Tippett entwickelte die Prinzipien der Stop-Motion-Technik für *The Empire Strikes Back* und *Return of the Jedi* weiter. Mit ihrer Hilfe wurden die imperialen AT-AT-Walker auf dem Eisplaneten Hoth und die ungelenken AT-ST-Einheiten auf dem Waldmond Endor in Bewegung versetzt.

Motion-Control-Camera: Mit Hilfe des von John Dykstra für *A New Hope* (1977) entwickelten computerunterstützten Kamerasystems konnten die Bewegungen rund um einzelne Modelle gespeichert und wiederholt werden. Auf der Leinwand erscheint es, als würden sich die Raumschiffe mit enormer Geschwindigkeit durch das Weltall bewegen. In Wirklichkeit kreiste jedoch lediglich die Kamera in programmierten Bewegungen immer wieder um die statischen Modelle.

Matte Painting: In den ersten drei *Star Wars*-Filmen wurden die eindrucksvollen Konzeptzeichnungen des Grafikkünstlers Ralph McQuarrie auf eine Glasplatte gemalt und als Hintergründe der fremden Welten auf die Leinwand gebracht.

THX-Soundsystem: *Star Wars* demonstriert die besondere Bedeutung des über mehrere Kanäle verteilten und sorgfältig arrangierten Tons für die Wirkung der visuellen Effekte. Die Klangkünste des Sounddesigners Ben Burtt verleihen der weit entfernten Galaxis ein akustisches Eigenleben. Bis heute kommt das Soundsystem in zahlreichen Kinos zum Einsatz.

CGI (Computer Generated Imagery): Mit Computeranimationen für Filme wie James Camerons *Terminator 2* (1991) setzte die von Lucas für *Star Wars* gegründete Effektfirma ILM neue Maßstäbe für am Rechner erzeugte Figuren. Die Möglichkeiten des digitalen Films werden in den *Star Wars*-Prequels konsequent weiterentwickelt.

Motion/Performance Capturing: Mit Hilfe von Sensoren werden die Bewegungen eines Schauspielers gespeichert und als Vorlage für eine als Computeranimation realisierte Figur verwendet. Andy Serkis perfektionierte mit der Figur des Gollum aus der *Lord of the Rings*-Trilogie (2001–03) dieses Verfahren. In *Episode VII* und *VIII* tritt er als Supreme Commander Snoke auf. Trotz aller technischen Perfektion bleibt bei weniger gelungenen eingespielten Animationen ein verstörender Eindruck zurück. Details wie die Augen verraten den künstlichen Charakter der Figuren (Uncanny-Valley-Effekt).

LED-Wall: Eine für die Serie *The Mandalorian* konstruierte Kulissenwand aus LED-Bildschirmen. Diese ermöglicht es den Schauspielern, bereits während der Dreharbeiten die mit Hilfe der *Unreal*-Game-Engine erzeugten digitalen Hintergründe zu sehen. Ewan McGregor zeigte sich bei seiner Rückkehr als Obi-Wan in der gleichnamigen Serie sichtlich begeistert davon, dass er im Unterschied zu den Prequels nicht mehr alleine vor einer kargen grünen Leinwand mit einem später digital übermalten Tennisball sprechen musste.

den Stellen wie der Einführung Reys zu einprägsamen, neuen Themen überzugehen.

Die optische Inszenierung vermischt analoge und digitale Effekte auf überlegte Weise. Abrams und sein Nachfolger Rian Johnson setzen überwiegend wieder auf die Wirkung von Original-Schauplätzen und die beeindruckenden Texturen real gebauter Kulissen. Ein altes Kloster auf einer Insel vor Irland dient als Altersresidenz von Luke Skywalker, im Wüstensand von Abu Dhabi wurde ein abgestürzter Tie Fighter nachgebaut, und in *The Last Jedi* bildet die kroatische Stadt Dubrovnik die Kulisse für einen eleganten Casino-Planeten.

Nur an einigen Stellen und in ein paar Hintergründen griffen die Filmemacher auf den digitalen Malkasten zurück, den Lucas noch in den Prequels wie ein ekstatischer Action-Painter geradezu hemmungslos auf die Leinwand geworfen hatte. In dieser Hinsicht ist die dritte Trilogie nicht ganz so um ständige Erneuerung bemüht wie die Prequels, sie erzielt aber durch ihre Zurückhaltung filmisch gesehen das ergreifendere Ergebnis. Der *Star Wars*-Kosmos verweist auf sich selbst zurück, doch nicht im augenzwinkernden Sinne des postmodernen Kinos, das ständig die eigenen Zitate und Anspielungen kommentieren muss. Stattdessen machen sich die vergangenen Jahrzehnte auf der Leinwand bemerkbar: Die neuen Filme erinnern auf der emotionalen Ebene an die eigene vergangene Kinoerfahrung und übergeben zugleich konsequent die Schlüssel zum Millennium Falcon an die nächste Generation. Ein schönes Bild für die so verstandene Rückkehr ins *Star Wars*-Universum bietet jene Szene, in der Finn auf dem Millennium Falcon versehentlich das markante Holo-Schachspiel aus *A New Hope* reaktiviert. Chewbacca blickt neugierig auf die erneut von Phil Tippett, dem Altmeister animierter Figuren, umgesetzten

Spielzüge. *The Force Awakens* bietet also kein neues Spielbrett, sondern nimmt nach 30 Jahren noch einmal die in der ersten Trilogie eröffnete Partie auf.

Franchise-Episoden

Noch deutlicher als die neuen Episoden, die Lucas' ambitioniertes Projekt einer neunteiligen Saga nun doch noch zu einem Abschluss bringen, zeigen die 2016 und 2018 mit *Rogue One* und *Solo* realisierten *Star Wars Stories*, wie das Franchise inzwischen sein eigenes System des Genre-Crossovers hervorgebracht hat. Hier wird im Unterschied zu Mixturen in anderen Filmen nicht nur mit verschiedenen Elementen gespielt, die zufällig eine neue Variante ergeben. Die *Star Wars Stories* integrieren gezielt Motive und Strukturmuster aus vertrauten Genres und übernehmen diese in einer an die weit entfernte Galaxis angepasste Variante. Nach über 40 Jahren werden nicht nur cinephile Referenzen an Klassiker wie die Western von John Ford oder die Samurai-Epen von Akira Kurosawa wiederbelebt, sondern stattdessen wird der gesamte Ton an ein einzelnes Genre angepasst. *Rogue One* orientiert sich an den Kriegsfilmen und Söldnergeschichten in der Tradition von Robert Aldrichs *The Dirty Dozen* (*Das dreckige Dutzend*, 1967). Regisseur Gareth Edwards, der mit dem einfallsreichen Low-Budget-Horrorfilm *Monsters* (2010) und einer *Godzilla*-Neuverfilmung (2014) bekannt geworden war, arbeitet mit einer hektischen und unruhigen Kamera, die genau der Stimmung der dramatischen Handlung entspricht. Und im Gegensatz zum optimistischen *A New Hope* endet der Diebstahl der Todessternpläne mit einem tragischen Finale. Durch die wuchtigen, an einen Katastrophenfilm erinnernden Bilder der planetaren Zerstörung wird das ganze Ausmaß der Waffensysteme des Todessterns deutlich. Auch wenn der Film ein sehr zweischneidiges Opferpathos bemüht, lieferten die Filmemacher doch kurz nach der Wahl des Reality-TV-Präsidenten Donald Trump eine sympathische Geste des Widerstandes. Drehbuchautor Chris Weitz verglich das totalitäre, misogyne und rassistische Imperium mit den Trollen der rechtsextremen Alt-Right-Bewegung: Der Multikulturalismus der Rebellen setzt bewusst einen Gegenakzent.

Die Reaktionen und Boykott-Aufrufe gegen den Film im Internet fielen ähnlich aggressiv wie zwei Jahre später gegen Rian Johnsons *The Last Jedi* aus. Die in *Episode VIII* neu hinzugekommene Schauspielerin Kelly Marie Tran verkörpert erstmals in einem *Star Wars*-Film einen Charakter, der leichte Nerd-Züge aufweist. Sie entwickelt eine romantische Beziehung zu Finn und erweist sich im Finale von *The Last Jedi* als Heldin, indem sie das in *Rogue One* zelebrierte Opferpathos unterläuft. Einige Alt-Right-Trolle und andere Internet-Raufbolde schikanierten in ihren Attacken gegen den Film die überzeugende Nachwuchsdarstellerin in sozialen Netzwerken derart penetrant, dass sie sich vollständig von Twitter zurückzog. Auf einer symbolischen Ebene kann *Star Wars* in diesen Kontexten also auch durchaus politisch wirken, allerdings eher in der metaphorischen Repräsentationspolitik und weniger als *Star Trek* im Erzählerischen.

An *Rogue One* überaus verstörend wirkte auf mich weniger das tragische Ende als der Auftritt einer per CGI animierten jungen Carrie Fisher in den letzten Szenen des Films. Die versierte Schauspielerin und Literatin, deren Auftritt als Prinzessin Leia ich meine erste Sensibilisierung in Sachen Feminismus verdanke, war bedauerlicherweise kurz nach der Premiere von *Rogue One* verstorben. Ihr jüngeres Abbild auf der Leinwand zu erblicken, erschien nun ebenso unheimlich und irritierend wie der ebenfalls per Computer reanimierte Peter Cushing als *A New Hope*-Schurke Grand Moff Tarkin: ein zum Leben erwecktes Wachsfigurenkabinett. Für *The Mandalorian* wurde ein etwas überzeugenderes digitales Make-up für den jungen Luke Skywalker angefertigt, dessen Stimme und Bewegungen der wesentlich ältere Mark Hamill beisteuerte.

Lukes letzte Lektionen und Han Solos Vorgeschichte

Der unterschätzte *Solo – A Star Wars Story* knüpft hingegen ganz an die Western- und Abenteuerfilme an, die die Charakterisierung von Han, Chewie und Lando von Anfang an geprägt haben. Der sonst relativ altmodische, um nicht zu sagen: konventionelle Regisseur Ron Howard übernahm die Regie vom kreativen Duo Phil Lord und Chris Miller (*The Lego Movie*, *Spider-Man: Into the Spider-Verse*), die sich mit den Produzenten überworfen hatten. Im Film finden sich Variationen des Gefängnisfilms und von *The Great Train Robbery* (*Der große Eisenbahnraub*), der 1903 das Western-Genre begründete.

An den Kinokassen blieben die Einspielergebnisse weit hinter den Erwartungen zurück. Disney verlagerte sich daraufhin auf die Produktion von *Star Wars*-Serien. Die ursprünglich als Filme geplanten *Star Wars*-Stories *The Book of Boba Fett* (2021) und *Obi-Wan* (2022) wurden als abgeschlossene Serien für den hauseigenen Streaming-Kanal Disney+ produziert. Während diese in der Tradition der Romane,

Games und Comics erzählerische Leerstellen zwischen den Filmen ausfüllten, beschritt die düster-ambivalente Serie *Andor* (2022) als Vorgeschichte zu *Rogue One* erzählerisches und stilistisches Neuland. Mit *The Last Jedi* inszenierte der für diverse Folgen der gefeierten Serie *Breaking Bad* (2008–13) bekannte und ausgezeichnete Regisseur Rian Johnson einen selbstreflexiven Film, der aufbauend auf *The Force Awakens* die *Star Wars*-Standardsituationen nicht nur aktualisiert und modernisiert, sondern in einigen Punkten sogar ganz bewusst mit den Konventionen des Franchise bricht.

Luke Skywalker hatte nach Johnsons Einschätzung bereits in *Return of the Jedi* seine Heldenreise abgeschlossen. Deshalb ließen sich nun in seiner verbitterten Altersrolle Elemente unterbringen, die ganz gezielt vom Archetypen des zweifelnden, aber später umso strahlenderen Helden abweichen. Der stärkste Gegenspieler war in diesem Fall nicht Kylo Ren oder der neue Schmalspur-Imperator Snoke, sondern Lukes angestammter Darsteller Mark Hamill. Nach Lektüre des Drehbuchs erklärte er Rian Johnson, er würde sich zwar alle Mühe geben, für den Film die bestmögliche Darbietung zu liefern. Aber zugleich wolle er ihn auch wissen lassen, dass sein Verständnis von Lukes Charakter in nahezu allen Punkten von Johnsons Interpretation abweiche.

Harrison Ford hatte als Han Solo in *The Force Awakens* jenen dramatischen und einprägsamen Abschluss bekommen, den er sich bereits für *Return of the Jedi* gewünscht hatte. Durch schwierige Familienkonflikte und eine bedeutungsvolle Abschiedsszene hatte die Figur, die Ford zuvor lediglich als schlichten Space-Cowboy verstanden hatte, für ihn an Substanz gewonnen. Hamill hatte sich in den letzten Jahrzehnten im Unterschied zu Ford auf der Theaterbühne und als Synchronsprecher von Animationsfilmen, insbesondere als Joker in diversen *Batman*-Zeichentrickserien, einen Namen gemacht. Tatsächlich bekam Ford eine für einen etablierten Hollywood-Star würdige Abschiedsvorstellung geboten, während Luke Skywalkers Geschichte als Experimentierfeld für ambitionierte Ambivalenzen herhalten musste, ohne dass Hamill dabei allzu großes Mitspracherecht gehabt hätte. Allerdings übersieht Hamill in seiner Kritik, ihm sei an *The Last Jedi* alles fremd, dass genau die Enttäuschung und Lukes vom Muster der Heldenreise abweichendes Verhalten eine subtile Altersrolle ergeben, die weit über die bisherigen (schauspielerischen) Möglichkeiten der Figur hinausgeht.

Die anfängliche naive Begeisterung und der Idealismus Lukes resultierten nämlich in Enttäuschung und Desillusionierung. In der Zeit nach dem Sieg über das Imperium hat er ähnlich wie in den *Star Wars*-Romanen der 1990er Jahre versucht, eine neue Jedi-Akademie aufzubauen. Der Plan scheitert jedoch, als er erkennen muss, dass sein Neffe Ben Solo, der zukünftige Kylo Ren, sich immer stärker der dunklen Seite zuwendet.

In einer originellen Fortführung der Referenzen an Akira Kurosawa, die mit den Anspielungen auf *Die verborgene Festung* in *A New Hope* begannen, nimmt Johnson einen weiteren Klassiker des japanischen Altmeisters als Inspiration: In dessen Drama *Rashōmon* (1950) wird ein Verbrechen aus drei völlig verschiedenen, in ihrer Nacherzählung einander sogar widersprechenden Perspektiven erzählt. Die Inszenierung Kurosawas prägte eines der mustergültigen Beispiele für unzuverlässiges Erzählen im Film. Johnson greift das erzählerische *Rashōmon*-Prinzip auf, indem er Lukes Auseinandersetzung mit Kylo Ren, die zur Zerstörung des neuen Jedi-Tempels führt, in ähnlich einander widersprechenden Varianten zeigt. Nach der enttäuschenden Erfahrung hat Luke Abstand von allen zuvor begeistert aufgenommenen Idealen der Jedi-Ritter genommen. Er zog sich auf den Wasserplaneten Ahch-To zurück, auf dem sich in einem magischen Baum, der wie das positive Gegenstück zur finsteren magischen Höhle auf Dagobah in *The Empire Strikes Back* erscheint, die ersten Schriften des Jedi-Ordens befinden.

Dort macht ihn Rey am Ende von *The Force Awakens* ausfindig. Der entgegen seines früheren Idealismus reichlich misanthropische Jedi-Meister erweist sich – anders als Yoda – nach Ankunft seiner neuen Schülerin nicht als freundlicher Gastgeber. Lukes überraschend ablehnendes Verhalten wurde nicht nur von Schauspieler Mark Hamill kritisiert. Einige Rezensenten sahen darin lediglich eine billige Form von Ironie. Die Einschätzung, es würde sich hier lediglich um eine postmoderne Veralberung des eigenen Mythos handeln, greift jedoch zu kurz. Johnson unterläuft nämlich bewusst die etablierten Konventionen der *Star Wars*-Saga und schafft auf diese Weise neue erzählerische Möglichkeiten. Enttäuscht und entsetzt über seine eigenen Erfahrungen mit Ben Solo alias Kylo Ren macht Luke den Jedi den Vorwurf, dass sie in ihrer Arroganz und Selbstbezogenheit den Aufstieg des Imperiums eigentlich erst ermöglicht haben. Seiner Ansicht nach wäre es an der Zeit, dass sowohl die Sith als auch die Jedi verschwinden und für etwas Neues Platz machen.

Ganz so dramatisch kommt es dann natürlich doch nicht, doch die von Johnson vorgenommene Relativierung der bisherigen Gewissheiten eröffnet den gegenwärtigen *Star Wars*-Filmen erzählerisch neue Perspektiven. Die ästhetische Umsetzung, die wie *The Force Awakens* mit gewissen Déjà-vu-

Momenten spielt, um im entscheidenden Augenblick nicht die eigentlich zu erwartende Wendung zu nehmen, gelingt dem Regisseur überzeugend und einfallsreich, der wie zahlreiche Fan-Filmemacher früher ebenfalls begeistert mit den Spielzeugfiguren eigene Szenarios gestellt hatte.

Eine der Schlüsselszenen, die das Konzept des Films pointiert zum Ausdruck bringt, dürfte jene Sequenz sein, in der Rey eine geheime Höhle unterhalb der Jedi-Insel aufsucht. Das Setting erinnert gezielt an die Begegnung des jungen Luke mit dem Trugbild Vaders in der Höhle auf Dagobah während seiner Ausbildung bei Yoda. Nach wie vor beschäftigt Rey die Frage, wer ihre Eltern sind und wie sie diese wiedersehen könnte. Bereits in *The Force Awakens* betonte sie mehrfach, dass sie auf den Wüstenplaneten Jakku zurückkehren muss, um dort weiter nach ihnen suchen zu können. Das erzählerische Muster der ungewissen Familienbande kam vielen Kinogängern derart bekannt vor, dass ich nach dem Besuch von *The Force Awakens* mit Freunden sogar eine Wette abgeschlossen hatte, ob es sich bei Rey um eine verschollene Tochter von Han, Leia oder Luke handelte. Johnson entschied sich jedoch lieber dazu, gezielt mit den dramaturgischen Konventionen der Skywalker'schen Familienbande zu brechen. In der Höhle wird Rey wie in einem Experimentalfilm der 1960er Jahre lediglich mit einer endlosen Reihe ihrer eigenen Spiegelbilder konfrontiert. Später eröffnet ihr Kylo Ren, der behauptet hatte zu wissen, wer ihre Eltern waren, dass es sich lediglich um einfache Leute von Jakku gehandelt habe. Ausgesprochen achtlos hätten sie Rey in die Obhut eines windigen Händlers gegeben. Die Befähigung, die Macht zu gebrauchen, erweist sich in *The Last Jedi* weder als eine vererbte Befähigung in der Tradition der ersten Trilogie, noch als ein statistischer Blut- bzw. Talent-

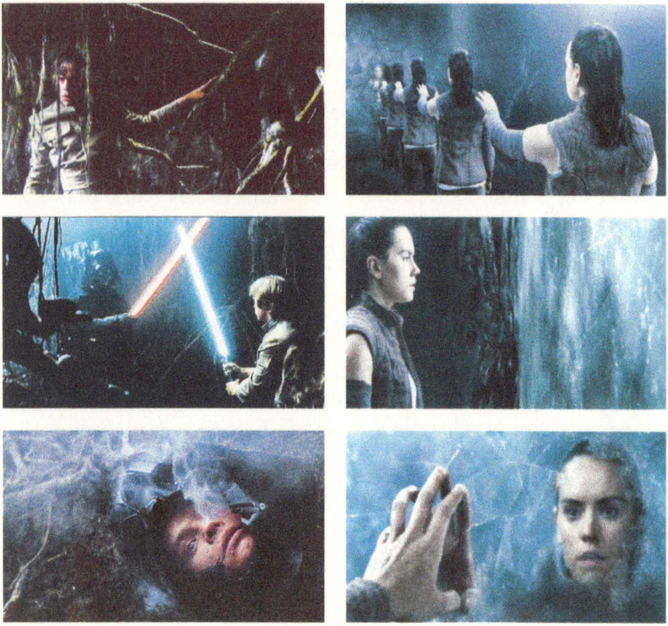

Parallele Momente der Selbsterkenntnis: Der junge Luke Skywalker bekommt eine Vorahnung der Familienbande in *The Empire Strikes Back* (linke Seite). Die Heldin Rey gerät in *The Last Jedi* (rechte Seite) hingegen in ein avantgardistisches Kabinett der Selbstreflexion.

wert im Sinne der Prequels. Stattdessen dominiert ein weitaus sympathischerer *Anyone-can-do-it*-Ansatz. Rey kann, obwohl sie scheinbar nicht aus einer Familie mächtiger Jedi-Ritter stammt, dennoch sowohl eine exzellente Pilotin als auch Vertreterin einer neuen Jedi-Generation werden.

Auf ähnliche Weise verfährt Johnson auch mit dem in *The*

Force Awakens noch als dämonisches, überlebensgroßes Hologramm in Erscheinung getretenen Supreme Leader Snoke. Der selbsternannte Nachfolger des Imperators wird von Andy Serkis gespielt, der durch die Darstellung Gollums in der *Lord of the Rings*-Trilogie mit allen Tricks und Tücken des digitalen Schauspiels vertraut ist. Entgegen der prominenten Besetzung und der in *The Force Awakens* angedeuteten Rolle fällt der angehende Imperator jedoch reichlich unspektakulär in einem furios arrangierten, an die Farbenpracht des Hongkong-Kinos erinnernden Kampf zwischen Rey, Kylo und Snokes Garde seinen eigenen zu hoch gegriffenen Ambitionen zum Opfer. Wie einst der Imperator in *Return of the Jedi* provoziert er seinen Schüler und die angehende Jedi: Doch im Gegensatz zur sorgfältig eingefädelten Intrige Palpatines machen Rey und Kylo mit ihm kurzen Prozess. Zuerst sieht es ganz so aus, als würde Kylo den Spuren seines Großvaters Anakin folgen und wieder auf die gute Seite zurückkehren. Wie ein trotziger Halbstarker erklärt er Rey jedoch, dass es an der Zeit sei, alle klassischen Polaritäten hinter sich zu lassen und neue Wege der Machtergreifung zu beschreiten. Rey wendet sich enttäuscht von ihm ab und macht sich auf, um die Rebellen in ihrem an die Eisplanetenschlacht von Hoth erinnernden Kampf auf dem Salzplaneten Crait zu unterstützen. Im Finale taucht Luke überraschend wie eine Sonderfigur in einem Strategiespiel zur entscheidenden Konfrontation auf.

Eine Abschiedsszene zwischen Mark Hamill und der kurz nach Ende der Dreharbeiten verstorbenen Carrie Fisher rundet die Entwicklung des berühmtesten Zwillingspaares der Science-Fiction-Filmgeschichte angemessen ab. Dass sich Luke im Nachhinein als eine Projektion erweist, eröffnet einerseits neue Spielzüge in Richtung Anime- und Manga-Kultur. An-

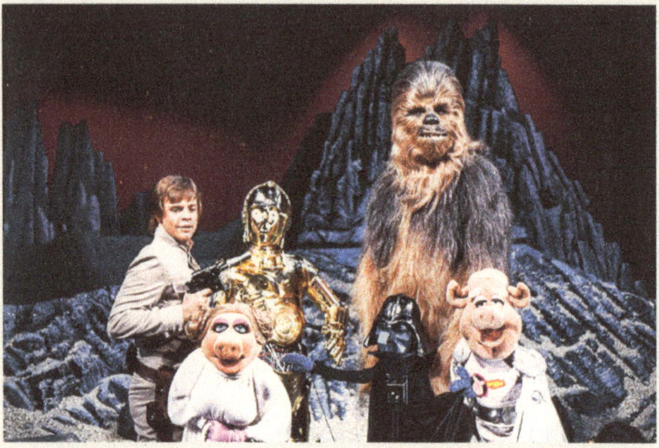

Muppet Show **– Episode 417 (1980; Bild oben):** Luke Skywalker, C-3PO und R2-D2 geraten auf der Suche nach dem entführten Chewbacca in eine Aufführung des kreativsten Anarcho-Puppen-Ensembles der Fernsehgeschichte. Im Finale der Show bringt C-3PO eine von Hollywood-Legende Fred Astaire inspirierte Stepptanzeinlage aufs Parkett.

Spaceballs **(1987; Bild rechts):** Bis heute die populärste *Star Wars*-Parodie. Konzipiert und inszeniert von Mel Brooks, der mit Filmen wie *Blazing Saddles* (*Der wilde wilde Westen*) und *Young Frankenstein* (*Frankenstein Junior*, beide 1974) zum Spezialisten für Genrepersiflagen aller Art wurde.

Clerks **(1994):** Independent-Komödie des Regisseurs und Comicautors Kevin Smith über zwei Supermarktangestellte in New

Jersey, die ihren tristen Arbeitsalltag unter anderem mit leidenschaftlichen Diskussionen über *Star Wars* verbringen. Ihre Debatte, ob es von den Rebellen ethisch und moralisch vertretbar war, den in Bau befindlichen Todesstern am Ende von *Return of the Jedi* in die Luft zu jagen, obwohl noch politisch neutrale

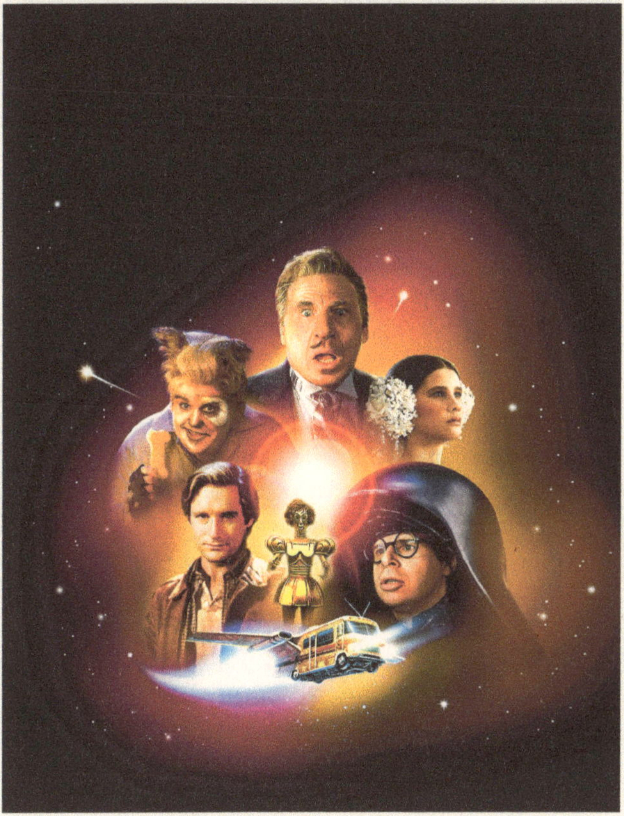

Dachdecker an Bord sein könnten, wurde zum Referenzdialog in der Popkultur der 1990er Jahre.

***Die Simpsons* – S10E09 »Mayored to the Mob« / »Der unerschrockene Leibwächter« (1998):** Mark Hamill muss bei einer Aufführung des Musicals *Guys and Dolls* im altbekannten *Star Wars*-Outfit auf die Bühne.

***Spaced* – S02E02 »Change« (1999):** In der ebenso amüsanten wie einfallsreichen BBC-Comedy-Serie über die Turbulenzen in der WG einer Schriftstellerin und eines Comicexperten muss Simon Pegg als *Star Wars*-Fan Tim Bisley ein folgenschweres Trauma überwinden. Die Enttäuschung über die Prequel-Trilogie hat ihn derart aus der Bahn geworfen, dass er als Verkäufer in einem Comicladen die eigenen Kunden bereits verbal attackiert, bevor diese auch nur *Phantom Menace* sagen können.

dererseits ermöglicht der Abschied eines weiteren Helden der ersten Trilogie eine raffinierte Neuverhandlung des eigenen seriellen Mythos. Die spektakuläre Rolle des scheinbar unbezwingbaren Helden, die er gegenüber Rey im Exil auf Ahch-To selbst zuvor sarkastisch kommentiert hatte, erfüllt sich am Ende zwar. Johnson lässt jedoch keinen Zweifel daran, dass es sich um ein Trugbild handelt. Die diskursive Erweiterung der *Star Wars*-Saga um das Prinzip des konstruktiven Zweifels verleiht den Handlungsmustern neue Relevanz.

In einer der schönsten Szenen erscheint der noch einmal von Frank Oz nicht nur gesprochene, sondern auch als Puppe gespielte Yoda: Obwohl Mark Hamill inzwischen selbst eine wallende graue Mähne ziert, spricht der altehrwürdige Meister des verdrehten Satzbaus Luke nach wie vor mit »Young Skywalker« an. Gelassen erklärt er Luke, dass es in den gerade scheinbar zerstörten heiligen Schriften der Jedi, die in Wirklichkeit Rey längst in Sicherheit gebracht hat, nichts geben könne, das seine junge Schülerin sich nicht bereits intuitiv erschlossen habe. Sie seien als Jedi-Meister diejenigen, über die die neue Generation wie Rey und ihre Freunde hinauswachsen. Die Erfahrung des Scheiterns sei nicht negativ zu bewerten, vielmehr könne sie eine der wichtigsten Lehren sein. Diese Ausführungen über den Erfahrungswert des Scheiterns hören sich fast wie ein Nachtrag zu den umstrittenen Prequels an, bringen sie doch noch einmal das grundlegende Konzept der Revisionen von *The Last Jedi* zum Ausdruck.

Feuilleton und Fans

The Last Jedi begeisterte die Filmkritik noch mehr als sein Vorgänger *The Force Awakens*. Allerdings fielen die Reaktionen traditionellerer Fans verhalten bis feindselig aus. Die Diskrepanz zwischen der Rezeption in den Feuilletons und in den verschiedenen Fraktionen des Fandoms ging stärker auseinander als bei den meisten anderen Episoden. Nachdem im Frühjahr 2018 schließlich auch noch der von einer diffizilen Produktionsgeschichte ohnehin bereits vorbelastete *Solo – A Star Wars Story* weit hinter den kommerziellen Erwartungen zurückblieb, änderte Disney die weitere Strategie: Für die Regie des für Ende 2019 angesetzten *Episode IX, Rise of Skywalker* (*Der Aufstieg Skywalkers*) wurde erneut J. J. Abrams verpflichtet, der umgehend versprach, sich wieder stärker an den klassischen *Star Wars*-Filmen zu orientieren.

Bedauerlicherweise nahm es Abrams mit den Anweisungen Disneys, einen konventionelleren Film zu inszenieren, zu genau. *The Rise of Skywalker* holte einen Klon des Imperators aus der Rumpelkammer, wie es bereits Anfang der 1990er Jahre im Comic *Dark Empire* geschehen war. Rey wurde in einer reichlich biederen Wendung zur Enkelin des Imperators erklärt. Die sympathische Anyone-can-do-it-Logik aus *The Last Jedi* wurde aus Angst vor frustrierten Zuschauern wieder über den Haufen geworfen. Dass der Abschluss der neunteiligen Skywalker-Saga trotz der enttäuschenden Handlung halbwegs unterhaltsam geriet, liegt an der Spielfreude des talentierten Ensembles, inklusive des stilvoll gealterten Charmeurs Billy Dee Williams als Lando Calrissian. Die drei *Star Wars*-Trilogien werden fester Bestandteil der Filmgeschichte bleiben, auch wenn sich die Produktion neuer *Star Wars*-Geschichten gegenwärtig in die immer weiter ausdifferenzierten, aber zugleich auch schematischeren Formate der Streaming-Plattform Disney+ verlagert hat. Wie keine andere Filmreihe veranschaulichen sie beispielhaft, wie aus einer spielerischen Kombination unterschiedlichster Genrekonzepte im Rahmen eines episch angelegten Science-Fiction-Settings ein neues Universum entstehen und fortbestehen kann. Die weit entfernte Galaxis funktioniert in dieser Hinsicht nicht nur als epische Aneinanderreihung verschiedener Heldenreisen, sie dokumentiert als popkultureller Mythos auch die filmischen Projektionen, Hoffnungen, Wünsche und die Rollenbilder der jeweiligen Entstehungszeit.

Wie der britische Medienwissenschaftler Colin B. Harvey in seinen Überlegungen zu transmedialen Geschichten ausführt, verläuft deren Wahrnehmung nicht mehr nach einem eindeutig strukturierten Rezeptionsmuster. Vielmehr bildet man durch die bewusste Auswahl der einzelnen Eintrittspunkte und Fokussierungen eine eigene Perspektive auf das medienübergreifende fiktionale Universum aus.

Im Bereich der Videospiele und durch die Erweiterungen in Fan-Filmen ermöglicht die Zusammenstellung der Erzählung sogar ganz eigene Varianten des Mythen-Netzwerks. Die individuellen Auslegungen sind zugleich eng mit den Erinnerungen an die eigene Mediensozialistation gekoppelt, so dass es sich auch immer um ein Stück Erinnerungsarbeit in Sachen Popkultur handelt.

Für mich selbst war die *Star Wars*-Saga prägend in meiner Begeisterung für das Kino und dessen mögliche Erweiterungen. Bis heute bilden die Abenteuer aus der weit entfernten Galaxis einen idealen Einstiegspunkt für leidenschaftliche Diskussionen über Filmgeschichte, Genreformen und Pop-Mythologien.

Jede Generation bringt ihre eigenen Interpretationen und Aktualisierungen hervor. Für mich selbst waren der erste Kinobesuch von *A New Hope* und die Bilder aus *The Empire Strikes Back* der entscheidende Einstieg. Die Generation *The Phantom Menace* erinnerte mich hingegen in Seminaren im Lauf der 2000er Jahre immer wieder daran, dass es auch ein jüngeres Publikum gab, das vom Podrennen so ergriffen war wie ich vom Flug durch das Asteroidenfeld. Mit den Animationsserien *The Clone Wars* und *Rebels* gibt es inzwischen eine neue Generation, die wieder ganz andere eigene Akzente setzen wird.

Oder anders ausgedrückt: Solange Disney nicht *Star Wars* zum immer gleichen kulturindustriellen Themenpark erstarren lässt, bleibt das Mythennetzwerk in Bewegung. Die Vorlieben und Schwerpunktsetzungen werden auf Basis der medienkulturellen Praktiken und nicht innerhalb eines in sich geschlossenen Werkes ausgehandelt, obwohl sich jede Trilogie und jeder gelungene Comic, jedes Buch oder Videospiel durchaus als ein solches in sich geschlossenes Kunstwerk verstehen lässt – unter der Voraussetzung, dass man unbedingt einen Science-Fiction-Kanon basteln will. Wie Obi-Wan Kenobi schon in *Return of the Jedi* erklärte: Manche als sicher angenommenen Wahrheiten hängen letztendlich vom persönlichen Standpunkt ab. Jenseits von starren Dogmen und Allgemeinplätzen macht genau diese Offenheit des *Star Wars*-Netzwerks einen gelungenen kreativen Fan-Diskurs aus.

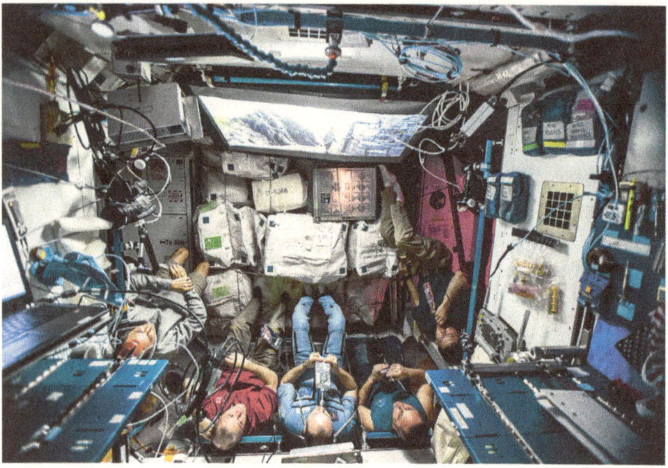

The Last Jedi lief im Dezember 2017 nicht nur in irdischen Kinos, sondern auch im Harmony-Modul der ISS.

Lektüretipps

Biskind, Peter: Easy Riders, Raging Bulls. Wie die Sex-&-Drugs-&-Rock-'n'-Roll-Generation Hollywood rettete. Übers. von Fritz Schneider. München 2004. – *Geschichte des New Hollywood und was* Star Wars *mit der Rebellion der Regisseure zu tun hat.*

Brooker, Will: Star Wars. London 2009. [BFI Film Classics.] – *Filmwissenschaftliche Einführung in die weit entfernte Galaxis.*

Duncan, Paul (Hrsg.): Das Star Wars Archiv. Episoden IV–VI. 1977–1983. Köln 2019– Das Star Wars Archiv. Episoden I bis III. 1999–2005. Köln 2022. – *Umfassender Blick hinter die Kulissen der ersten beiden Trilogien in zwei aufwendig gestalteten Bildbänden.*

Golding, Dan: Star Wars After Lucas: A Critical Guide to the Future of the Galaxy. Minneapolis 2019. – *Lesenswerte Studie über die Entwicklung unter Disney und deren kulturelle Hintergründe.*

Guynes, Sean / Hassler-Forest, Dan (Hrsg.): Star Wars and the History of Transmedia Storytelling. Amsterdam 2017. – *Vielseitige Aufsatzsammlung.*

Henderson, Mary: Star Wars: Magie und Mythos. Die phantastischen Welten des George Lucas und ihre Ursprünge. Übers. von Thomas Ziegler. Köln 1998. – *Aufwendig illustrierte Abhandlung zu den mythologischen Bezügen der Saga.*

Jahnke, Wolf / Scholten, Michael (Hrsg.): Es war einmal ... Mein erstes Mal STAR WARS. Prominente und Fans erinnern sich. Marburg 2015. – *Spannende Anekdotensammlung.*

Jenkins, Henry: Convergence Culture. Where Old and New Media Collide. New York 2006. – *Standardwerk zum Thema Medienkonvergenz.*

Jones, Brian Jay: George Lucas: Die Biografie. Hamburg 2017. – *Aktuellste und umfassendste Biographie des* Star Wars-*Erfinders.*

Jullier, Laurent: Star Wars. Anatomie einer Saga. Übers. von Rüdiger Hillmer. Konstanz 2007. – *Filmhistorische Analyse der ersten sechs Filme.*

Krützen, Michaela: Dramaturgie des Films. Wie Hollywood erzählt. Frankfurt a. M. 2004. – *Sehr gute Einführung in die Dramaturgie der Heldenreise.*

Rinzler, J. W. / Mayhew, Mike / Lucas, George: The Star Wars. Die Urfassung. Nach dem ersten Drehbuchentwurf von George Lucas. Stuttgart 2014. – *Comicadaption der ersten* Star Wars-*Drehbuchfassung.*

Smith, Rob: Rogue Leaders. The Story of LucasArts. San Francisco 2008. – *Aufwendig gestaltete Geschichte des Kult-Videospiel-Labels LucasArts.*

Mein besonderer Dank für Anregungen und Kritik bei der Entstehung dieses Bandes gilt Robert Muris, Hans Wolf, Tanja Danker, Jannik Müller und meinen Kolleginnen und Kollegen an den Universitäten Siegen, Kiel, Freiburg und Mainz, sowie meinen Eltern Josef und Renate Rauscher, die meine obsessive Kinobegeisterung nicht nur geduldet, sondern immer unterstützt und gefördert haben.